SW
MINERVA
社会福祉叢書
㉔

生活保護改革と地方分権化

京極髙宣著

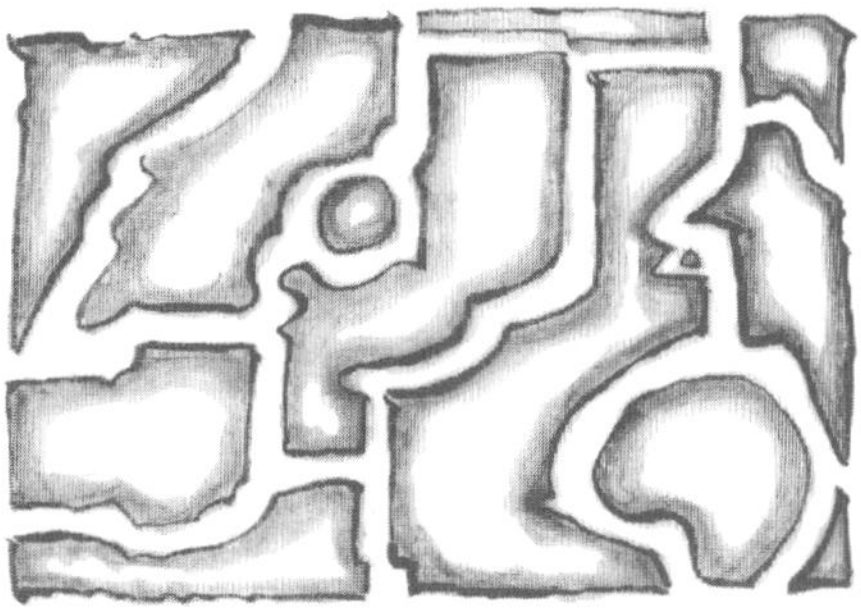

ミネルヴァ書房

序

生活保護制度は、戦後日本の社会保障制度の基底をなしている重要な国民の生活保障システムである。周知かと思われるが、平成十七年四月から十一月まで厚生労働大臣・財務大臣・総務大臣と、全国知事会・全国市長会の代表と、学識経験者たる木村陽子氏（地方財政審議会委員）と私との七名から成る「生活保護費及び児童扶養手当に関する関係者協議会」（なお、念のため木村氏は地方六団体の推薦、私は政府の推薦の構成メンバー）に参加した。それが契機でわが国社会保障の基底たる生活保護制度の在り方ににわかに私は、学問的関心をもちはじめたのである。そこで、これまで生活保護等について書きためてきたものに、先般の三位一体改革との関連で『厚生福祉』（時事通信社）等に掲載した時評を書き改めたのを加え、それなりにアカデミックな色彩を整えた専門書にしようと決意するにいたった次第である。そこで、さしあたり全国社会福祉協議会出版部からあくまで啓蒙書として『生活保護改革の視点』（二〇〇六年）を出版させていただいたが、いわば原案にとどまっていたので、東京福祉大学の博士論文としたものに、さらに学術的な脚注を加えて、いわば加筆修正し提出したもので、本書は執筆されている。

さて現在、旧小泉・安倍両政権下の社会保障改革で国民の負担が増大するだけでなく、社会のセーフティネットの網から零れ落ちるフリーターやニート、ホームレスなどや上昇志向を失った青年層などの格差社会や下流社会の存在が国会やマスコミ等でかなり問題にされてきている。さてここで社会保障というセーフティネットからも零れ落ちる人々の存在がつとに指摘されるに及んで、最低限の生活保障の最後の砦（最後のセーフティネット）といえる生活保護の重要性はかえって国民に再認識されつつあるようにも思われる。かつて、戦後初期のように国民のほとんどが貧しく、社会保障制度が貧弱であった頃の生活困窮者と、今日のように国民所得が全体として上がり、社会保障制度が豊富になった時代の生活困窮者とは量的のみならず質的な相違がある。例えば、かつて流行した「豊かさの中の貧困」（ガルブレイス）という言葉では簡単に片付けられないワーキング・プアなどの存在が、きわめて難しい新たな政策課題となっている感もする。

戦後、半世紀以上たって、いわゆる社会福祉基礎構造改革（「措置」から「契約」への制度改革など）が、近年なされたが、生活保護制度だけは戦後の大枠が未だに変わっていない。それはなぜか、改革の必要性はともかく、これまた未だに謎である。あえていえば戦後当初に発足した生活保護制度がいわば社会保障未発展期に練りに練られて見事に考案され、構築された原初的な制度であるから、その後も長く生命力を保つ制度になったともいえる。もちろん、それだけでなく、先般の三位一体改革の関係者協議会の検討作業で痛感したことだが、生活保護の制度的検討は、必ずしも厚生労働省社会・援護局の保護課の中だけで検討できるものではないからであろう。否、旧厚生省の他局他課のみならず旧労働省職業安定局等とのすり合わせも必要であり、また財源的には財務省や総務省との調整が、さらにできれば文部科学省や国土交通省等とのすり合わせも必要という、まことに「省際的な」論議が必要不可欠なのである。生活保護制度は他法他施策に深く根を張って今日まで来ていることは無視できないが、そのことが、抜本的改革の困難な理由の一つにもかかわっているように思われる。その点に関しては先般の三位一体改革との関連で、先の関係者協議会において激しい論争が関係省庁や国・地方間などで行われたことが想起されてよい。

さらに学問論でいえば、生活保護研究は存外、学際的なのである。より具体的に述べれば、生活保護研究については、経済学（それも貧困論・生活構造論から財政論などまで）、社会学、法学、政治学、行政学、統計学などの多方面の知識がなければ不完全な一面的分析しかできないのである。そのことが生活保護制度の学問的な改革論議が十分に深まらなかったことの理由の一つに数えられるかもしれない。ただし、逆にいえば、社会諸科学のエッセンスを総動員して生活保護研究を行えば、生活保護改革の方向性が総合的に探れるかもしれないのである。

さて、かなり私的なことで恐縮だが、私は約三十年前までは経済学者の端くれ（理論経済学者など専攻）であった。東京大学大学院経済学研究科博士課程を修了後、日本社会事業大学で経済学担当の専任教員となった。しかし、諸般の事情で社会福祉全般の調査研究にのめり込み、現在では狭義の社会福祉（福祉サービス）のみならず、生活保護を含めた広義の社会福祉の政策研究に、さらには年金や医療などを含む社会保障政策に研究の関心を広げてきた。したがって私は経済学者というよりは、むしろ社会保障に関する政策科学者としての道を約三十年間歩んできたといえる。そこで生活保護制度そのものの専門的な調査研究は十分にできなかったとしても、高齢者・障害者・母子家庭等の多くの生活実態調査などを通じて、被保護者とその家族の生活実態にふれることはしてきたつもりである。

本書は、こうした私なりの政策科学者として、二十一世紀にふさわしい生活保護制度の改革と福祉事務所の将来方向について問題提起をさせていただいたものである。関係者は周知のとおり、小山進次郎氏の古典的名著『生活保護法の解釈と運用』（初版は昭和二十五（一九五〇）年、改訂増補版（復刻版）は二〇〇四年、中央社会福祉協議会）が発刊されて以来、わが国においては大変奇異な感もするが、五十数年間、生活保護制度改革を直接に対象とした専門書はこれまでほとんど皆無なのである。むしろ現行生活保護制度を前提にした生活保護の運営論などが圧倒的多数で、福祉事務所の見直し論もごく少ないのが現状である。そのことを鑑みれば、本書の意義もそれなりにあると密かに確信している。主として地方分権化との関連で国と地方の役割分担のあり方に力点をおいている本書を一つの参考資料にして、生活保護の制度の抜本的見直し等がなされることが望まれる。本書が二十一世紀にふさわしい日本の公的扶助制度が大きく改革される契機となり、国民の福祉向上に役立てば望外の幸せである。

なお本書の原型は既にふれたように全国社会福祉協議会から平成十八年十月に刊行された拙著『生活保護改革の視点』に基づいているが、その刊行の直前に、生活保護制度の改革に関する秀逸な論評、三浦文夫「生活保護改革の若干の論点」(財団法人社会福祉研究所『所報』第七三号、平成十八年八月所収)が出されたので、当初の原案には当然参考にすることができなかった。が、題名のみならず内容的にも、私見とほとんど酷似しており、かねがね社会福祉研究の碩学《せきがく》として尊敬していた三浦文夫氏の炯眼《けいがん》に驚きの念を禁じえなかったことを告白したい。しかしながら、あえて本書では三浦論文に関してもあわせて私見と批評も加えてみることにする。また本書そのものの執筆完了の直前に、社会保障法学界の重鎮である小川政亮氏の集大成の著作集(小川政亮著作集編集委員会編『小川政亮著作集(全八巻)』大月書店、二〇〇七年)が刊行されたが、それをほとんど参考にすることはほとんどできず、あくまで必要な範囲で若干のコメントを補足させていただくにとどめることをお許し願いたい。いずれにせよ前記の『生活保護改革の視点』は絶版の予定である。

なお補論として『生活保護改革の視点』での岩田正美氏との対談がきわめて内容が濃いので、若干の加筆修正で本書に改めて掲載させていただき、岩田正美氏と全社協出版部には厚く御礼を申し上げる次第である。また索引に関しては、国立社会保障・人口問題研究所の菊地英明研究員のご協力を得たこと、さらに困難な編集作業をていねいにしていただいたミネルヴァ書房の音田潔氏には深く感謝の意を表したい。

くりかえしになるが、本研究の目的は、国と地方の役割分担に焦点をおいて、地方分権化との関連で生活保護制度の抜本的改革に向けての視点と枠組を提示することにある。そのために第一部では生活保護の目的と役割を改めて見直し、第二部で三位一体改革における生活保護制度の見直しを総括し、第三部で扶助の体系と基準のあり方を検討し、第四部で福祉事務所の在り方等を見直し、補論で岩田氏との対談という順序で議論を深めていくことにする。

（追記）

なお、生活保護法の英語訳は、戦後の厚生省の定訳では Daily Life Security Law であるが、当時のＧＨＱ（連合国最高司令部）とのやりとりで、アメリカの社会保障法（Social Security Act, 一九三五）になぞらえて訳された可能性がある。そこで本書では、国際的に通用する訳語として Public Assistance Law を採用している。

平成二十年四月七日

国立社会保障・人口問題研究所所長（日本社会事業大学名誉教授）

京極高宣

生活保護改革と地方分権化／目次

序

第一部　生活保護の目的と役割

第一部　生活保護の目的と役割

第一章　社会保障改革と生活保護[1]

第一節　社会保障を取り巻く環境の変化

ミレニアムの年である平成十二（二〇〇〇）年一月に、内閣総理大臣の諮問機関として、「社会保障構造の在り方について考える有識者会議」（座長＝貝塚啓明）がスタートし、私もそのメンバーとして参加した。同会議は、平成十二年の十月に答申[2]を出したが、ここでの論点を踏まえて、本書のいわば序章として社会保障改革と生活保護の在り方について、はじめにいくつか述べてみたい。

周知のとおり社会保障は、完全雇用と並んで二十世紀福祉国家の二大支柱をなすものといえるが[3]、その在り方が経済・社会の状況に応じて変化することはいうまでもない。二十一世紀のはじめにおいて、この状況変化に対応して、わが国における社会保障全体の在り方を検討し、方向性を示す必要が指摘されていた。ちなみに先の有識者会議のずっと以前から存在していたのは、戦後初期からの内閣（総理府）にあった社会保障制度審議会（初代会長＝大内兵衛、以下制度審と略す）である。それは平成十三年の省庁再編で廃止され、厚生労働省の社会保障審議会に大筋として引き継がれたが、それまではここで社会保障の骨格に関する勧告や答申を行っていた[4]。制度審は、昭和二十五（一九五〇）年に、わが国の社会保障の全体像と在り方に関する最初の「勧告」を出し、以降、この「昭和二十五年勧告」に沿って、様々な社会保障改革が行われてきた。

昭和二十五年当時のわが国は、経済的にも社会的にもまだ戦後の混乱や不安を引きずっており、「もはや戦後ではない」という言葉が登場するのは昭和三十一年『（昭和三十年度版）経済白書』であった。また、この時代を人口高齢化でみると、六十五歳以上が総人口に占める割合は約五％で、高齢化社会として七％を超えるのは昭和四十五（一九七〇）年に入ってからであった。平均寿命は男女で違いはあるが、概して六十歳前後で「人生六十年の時代」であった。また、家族形態も大家族、三世代家族が圧倒的に多く、国民一人当たりの所得は先進諸国で最も貧しい国の一つで、例えばイタリアよりも貧しく非常に厳しい状況にあったことも指摘しておかねばならないだろう。

こうした実状を背景に「昭和二十五年勧告」では、国家の責任において社会保障を確立する考え（いわば国家保障の理念）を強く打ち出すとともに、年金、医療、労働といった社会保険を「主《メイン》」に、税による社会扶助、すなわち生活保護等の公的扶助や公的福祉サービスなどを「従《サブ》」としていく将来的方向が明示された。

しかし実際には、当時の社会保障給付の実態は生活保護（公的扶助）が中心であり、制度審の勧告のとおり年金や医療などの社会保険が充実化されるのは高度経済成長期のはじめの昭和三十年代以降、いわゆる国民皆年金・皆保険がスタートして後のことである。いずれにせよ社会保障制度の在り方として、社会保険重視の方向性を打ち出したことは極めて重要なことであった。わが国の社会保険は、例えばアメリカの社会保障法（Social Security Act, 一九三五年）のように大不況下で確立したのと異なり、昭和三十年代以降の高度経済成長の波の中で発展し始め、国民経済が豊かになるにつれて、国民所得も税収も増大して、この社会保険を中心とした社会保障制度は大きく充実したのである。ちなみに「日本が『遅れてきた福祉国家』である原因の過半は、まず高度経済成長によって福祉国家を可能にする水準にまで経済力を高める必要があったという事情から説明できる[5]」という指摘もある。その一時的な不況や経済的不安定などの問題はありながらも、日本が二十世紀末に少なくとも世界の経済大国との仲間入りをして、一見強固にみえる社会経済構造を社会保障制度に支えられながら確立したことは再認識する必要がある[6]。

そして、戦後約六十年の長い歴史をみると、全体的には経済余剰や財政基盤の充実に基づき社会保障は、社会保険とそれに基づく社会サービスが充実してきた一方で、租税による生活保護等の公的扶助の位置が相対的に小さくなってきた。二十世紀末には年金、医療、福祉の給付バランスは、ほぼ「五対四対一」という割合であったが、平成六（一九九四）年に発表された厚生大臣（当時）の私的懇談会（座長＝宮崎勇）の報告書『二十一世紀福祉ビジョン』では、その割合をおおよそ「五対三対二」に転換していくことが望ましいとされ、その後年金の比がやや高くなったものの、ほぼその方向で給付構造が変化していった。当時の起草委員でその提案者であった私は、介護保険制度の発足をにらんでこの考えに大筋で賛成だが、当面は医療の三割は少々厳しく、「五対二・五対一・五」あるいは「四・五対三・五対二」ぐらいが妥当ではないかと考えていたが、年金給付を相対的に抑制することが困難な政治状況でそういう表現をしなかったものの、事実、その後の推移はほぼそうなっている[7]。

第二節　社会保障をめぐる理念の変化

さて、社会保障の将来像を考える際にまず大事なことは、その理念をどのように捉えるかである。二十一世紀の社会保障は社会経済や国家の在り方そのものと密接に関わっていることから、全体社会の在り方が変われば、社会保障の理念も当然変わらなければならないのである。

したがって、先の制度審の「昭和二十五年勧告」（「社会保障制度に関する勧告」）と、その四十五年後に出された平成七（一九九五）年の「平成七年勧告」すなわち「社会保障体制の再構築に関する勧告」（制度審会長＝隅谷三喜男）では、基本理念に大きな違いがみられる。

「昭和二十五年勧告」では、要約すると、社会保障の責任は国家にあり、国家はこれに対する総合的企画を立て、これを各省庁および地方公共団体を通じて民主的、能率的に実施しなければならないと記載がなされ、「国家保障」の観点が強調されていた。確かに、戦後の混乱期には失業者やホームレスが町にあふれ、生活困窮者が多く、これを国の責任で緊急保護することは基本命題であった。

これに対して、「平成七年勧告」では、社会保障制度改革について、第一に重要なことは、すべての国民が社会保障制度の心、すなわち、「自立と社会連帯」（あるいは自立と共生）の考えを強く持つことであるとし、「社会連帯とは頼りもたれ合うことではなく、自分や家族の生活に対する責任を果たすと同じように、自分以外の人と共に生き、手をさしのべることであり、それだけに高齢者も自分のことは自分でできるよう、健康の維持や生活の自立に努めることが若い世代の高齢者の理解と支持につながる」などと述べている。

つまり、「平成七年勧告」（「社会保障体制の再構築に関する勧告」）では自立支援プラス社会連帯が理念としてあげられ、国家の保障だけではなく、国民に自立と連帯の精神を求め、社会保障の立脚点で真に大事な点はそこにあると述べている。これは、社会保障理念の最大の変化といえる(8)。

また、「昭和二十五年勧告」（「社会保障制度に関する勧告」）の中では、特に生活保護に関しては最低限の生活に対する経済的保障といった考え方が強調されていた。貧困が当たり前の戦後初期の時代にあって、最低限の国民生活だけは、国家の責任で何としても保障しなければという強い信念（「国家保護」）が、当時の社会保障の理念には表れていた。

しかし、これ以降、わが国は高度経済成長の波に乗り、社会保険制度が充実していく中で、その役割も徐々に変わった。今日では単なる低所得者や労働者階級などへの経済的保障だけではなく、より快適な、標準的な生活を国民全体に保障すること（いわゆる国民の生活保障システム）が求められてきた。これは、別の表現では「社会保障の総合化」「総合的な社会保障」などといわれているが、いずれにせよ、いわば「国家保護」プラス「弱者救済」という「昭和二十五年勧告」の理念から大きく変化したことは確かである。

さらに、わが国の社会保障制度の単位はこれまで、年金、医療、福祉のいずれも、原則としてサラリーマン男性を中心とし、標準世帯的な「世帯単位」（例えば世帯主の他に専業主婦と子ども一～二人の標準世帯、当初は子ども二人で、現在は子ども一人）をモデルとしてシステム化されて展開されてきた。しかも、その後に女性の社会進出が進み、共働き夫婦が増えて、いわゆる男女共同参画時代が進行している。さらにそうした状況の中で、急速な少子高齢化時代が訪れる中で果たして従来の世帯単位の原則のままでいいのかという問題点が浮かび上がってきた。当然、社会保障システムも、新しい社会の動きに合わせて変わらざるを得ない段階にきているといえる。

もちろん生活保護を、いきなり世帯単位の社会保障から、個人単位の社会保障へ移せるのか、またそれを実現する現実的道筋はいかにあるべきか、などといった多くの論点がまだ残されている。けれども、今後に少子高齢化の進展により単身世帯が増加し、核家族等においても家計の生活単価が個別世帯員化している状況においては、社会保障システムは、例えば介護保険制度の仕組みにもみられるように、成人に達した個人については「個人単位」の形に移行していく流れにあるのではないかと考えている。例えば生活保護にしても小川政亮氏のように、西ドイツを参考に個人単位を先駆的に主張した古典的見解(9)もあり、これも生活保護を永久に世帯単位でよいかはかなり古くからの検討課題であったのである。

以上のようにみると、「自立と連帯」、「総合的な生活保障」、「男女共同参画」、「個人単位」という四つのキーワードが、少なくとも将来の社会保障の基本理念としてあげられるのではないか。

第三節　二十一世紀型社会保障の視点と枠組み

こうした基本理念に立ち、今後の社会保障改革に取り組んでいくときに、第一に大きな問題となるのは給付と負担の関係である。『二十一世紀福祉ビジョン(10)』では、とかく誤解を呼びやすい「中福祉中負担」という言葉を避け、「適正給付、適正負担の福祉社会を構築する」というスローガンを掲げ、様々な議論を呼んだが、この問題は今後の高齢人口の増加や人口の少子高齢化と切り離して考えることはできない。

確かにわが国の大部分の高齢者は、戦後のある時期までは年金所得も資産も少なく、いわゆる「社会的弱者」だったかもしれない。すなわち年金もないために、老後は退職金を取り崩すか、子どもに扶養されるか、あるいは生活保護を受けるか、養護老人ホームに入るかという状況であった。ところが、今日では高齢者の八、九割が年金で生活し、これに加えて若年世代に比べて大きな資産を持っている者も相当数いる。社会保障のなかった時代とは比べようもないほどわが国の高齢者は豊かになったことは確かである。むしろ今日の中年層が仕事も忙しく、住宅ローンや教育費等で経済的には大変であり、まして若者層には「下流社会」という流行語にみられるフリーターやニートなどや上昇志向を失った青年などが増大するようになってきた[11]。

こうした現状を踏まえて、また高齢者人口の増加も加味すれば、対応可能な高齢者には応分の適正負担をしてもらうというのが社会保障全体の自然な流れではないかと思う。これからの社会保障は、世代間の公平さや均衡を保ちながら効率化を図ることが非常に重要になってきている。もちろん、いわゆる社会的弱者にいたずらに負担を強いるという冷酷な観点ではなく、十分な収入を得て働いている人、高所得のある人は高齢者でも妥当な負担をしてもらうということが、社会保障制度を持続的安定的に長く運営していくためには必要なことである。まして少子化の急速な進展で、賦課方式のように年金など若年世代が高齢世代を支えていくことがそのままでは困難になりつつあることも考慮しなければならない。

平成十二年度に始まった介護保険制度は、高齢者の自立支援を中心的な理念に置いたが、ここでは、自立支援を理念として高齢者すべてが必ずしも社会的弱者にあたるのではないという考えをあえてシステム化しているといえる。そして、今後の高齢者医療についても、同様に考えなければならないだろう。

さて、社会保障の中で、まず年金については、先般の年金改革で、支給開始年齢を遅らせ、年金保険料を少し上げ、先般の改革では全体水準を若干下げるなどの改革方向がとられた。これからの問題としては、基礎年金と、それにプラスした付加年金の二つに分けた際に、基礎年金部分の半分を税金で賄うことで政治決着をみたが、消費税の引き上げとの絡みが大きな政策的争点となってくる。基礎年金のすべてを税金でという主張は論外だとしても、その半分を税金で賄うとなれば、生活保護費や児童扶養手当などの公的扶助との関係はどうするかなどといった個別に検討すべき諸点もある。国民が安心して暮らすためには、社会保険方式を健全に維持することをまず念頭に置き、その上で被保険者（年金加入者）も二分の一の保険料を負担し、税金でも二分の一を負担するという、いわばフィフティ・フィフティの姿をとるのが自然で、その上で可能であれば上乗せの付加年金については、企業保険か社会保険かの被保険者の選択肢がいくらかあってもいいのではないかとも私なりに考えている。その点で社会保障と改制を一体的にかつ総合的に検討しないで、基礎年金をすべて消費税でという消費税の年金目的税化という狭隘な見解[12]には大いに疑問がある。

ただし、私見では年金の給付水準が、どの年齢に対しても、例えば百歳以上になってもいつまでも一定であることには反対である。賦課方式で後世代が老齢世代を支えたり、税金が充てられる仕組みの場合には、あくまで一つの私案（長寿スライド方式）（拙稿・『長寿スライド制の導入へ』毎日新聞「発言席」二〇〇一年十一月十九日号）[13]として、一つの長寿化対応策とした支給開始年代を遅らせ、ある年齢（例えば八十歳以上）からは生活実態に即して給付水準を少しずつ減らしてもいいのではないか。これは政治レベルでは与野党とも高齢者の反対を怖れて受け入れられないとはいえ、政策理論的には私はそう考えている。

次に、医療についてである。わが国の医療費は年間約三十兆円（平成十六年度）で、年約三〜四％（約一兆円）の伸びを示している。高齢者が増えている分、医療費の伸びはある程度仕方ないといえるが、高齢化率は毎年一％ずつであるから三〜四％の増加分は何かということである。かつて医師会サイドは、これを医療技術の進歩等のためなどと説明していたが、果たしてそうなのか。技術の進歩が仮に一〜二％あったとしても、残りの二％は医師等の所得増（いわば「医師の所得保障」）になっているのではないかという批判もある。事実、昨今の景気低迷下で企業の収支やサラリーマンの給与がマイナスの伸びとなっても、医師の所得は微増していたのである。(14)

専門職としてすぐれた医師に対しては、しかるべき勤労に基づく手厚い所得保障は当然必要である。しかし、サラリーマンや公務員等の所得も全体的に切り下げられているにもかかわらず、医師の所得だけが伸びているのはどう考えたらよいか。いずれにしても医療保険に基づく診療報酬が、いわば「医師の社会保障」になってしまうのは行き過ぎで、医師会のリーダーたちが述べているように、あくまで国民の医療保障でなければならない。もちろん医師の優遇条件を切り下げろというわけではないが、「医療の抑制」ではなく「医療費の適正化」という意味での真の抑制からも、これはあえて指摘しなければならないことである。もし仮に社会保障の中で医療費だけが膨らむとすると、その分は社会保険料や税金にすべて跳ね返ってくることは当然予想しなければならない。今後は医療費抑制のための基本的な戦略を立てる必要があり、先般まとまった政府・与党の「医療費制度改革大綱」（平成十七年度十二月）は医療保険の役割を新たな社会保障改革の視点で方向付けたものと大きく評価されてよい。

また、高齢者の医療についても、税と保険料にのみ大きく依存する方向ではなく、例えば軽費の医薬品などで適切な本人負担の在り方を考えることも重要である。すぐには難しくても、二十一世紀型社会保障としての介護保険に、二十世紀型の古い医療保障は見習い、病院医療中心から在宅医療重視へ重点を移すことも、今日的な検討課題としてはあるのではないか。[15] その点で、近い将来は在宅福祉も在宅医療と深く連携されていかねばならないだろう。ちなみに、長野県など保健師の配置率が高い地域ほど、生活習慣病予防が発展して県民一人当たりの医療費が低いという統計数値もある。いずれにしても最も重要なことは、高齢者自身が生きがいを持ち、積極的に健康の維持や生活習慣病予防・介護予防により、自立した生活に努めるような、国民の協力で健康・長寿の社会づくりをしていくことであろう。

第四節　生活保護と社会福祉サービスのゆくえ

最後に、福祉についていくつか述べてみたい。

いわゆる社会福祉基礎構造改革[16]によって、福祉サービスの在り方は大きく変化し、行政丸がかえの福祉措置制度から利用契約制度に転換してきた。しかし生活保護については、別途検討中ではあるものの、基本的な見直しはあまりなされていない。生活保護制度は国の責任が大きく、機関委任事務から法定受託事務に変わったものの、国と地方の役割関係と実施体制の両面からの見直しはほとんど手がつけられていないのはなぜだろう。

戦後、社会福祉制度が再構築された際に、国民の生活保障に関する最も基盤的な法律として生活保護法ができ、その後、これを基に福祉の措置制度が対象ごとに次々と枝分かれしてきた。したがって、福祉措置制度と生活保護制度は戦後社会福祉のいわば二大支柱と考えてもよいと思われる。今般の社会福祉基礎構造改革では、生活保護は従来どおりで、措置制度にのみ手をつけたということである。生活保護制度に関してはまだ終わっておらず、社会福祉基礎構造のもう一つの柱である生活保護改革がなされねばならない。ちなみに地域福祉の視点を強く打ち出したことも、今改革の大きな特徴であるとしても、生活保護は国家保護的色彩が依然として強い。被保護者も地域社会の一員（市民）である限りは、地域福祉の視点を生活保護制度にもう少し生かすことも考えられてよいのではなかろうか。

日本の生活保護制度は、後述するように世界の先進諸国の中でもナショナル・ミニマムの徹底という点ではすぐれた社会保障制度であるといえる。国民皆年金、皆保険はもちろん介護保険なども存在しなかった時代にスタートしていることから、戦後いち早くできた最低限の生活保障としては、整った体系的な制度ができたといえる。いいかえれば、戦後日本では他法他施策が発展していなかったから、かえって自己完結的な優れた体系的な公的扶助制度（Public Assistence System）になったともいえよう。しかし二十一世紀に入り、これからは生活保護法上の目的でいう経済的な「自立助長」（手段としての自助）よりも新たな社会保障の理念に立脚して、もう少し「自立支援」（目標としての自立した生活への支援）という観点を強調する必要があると思う。それは、「生活保護を受けているから自立していない」のではなく、例えば「生活保護を一部受けながら自立した生活に踏み出す」などという考え方でもある。[17] そうした新たな自立理念に立ち、被保護者を地域社会の中で見守り、自立を支援していくことも必要ではないかと考える。さらに、新たな社会政策の一環として積極的な就労支援策をハローワーク（公共職業安定所）などと連携して講じることも必要である[18]。つまり、自己決定と自立可能性などに基づく本人の自立した生活を第一の目標に掲げ、金銭的給付とケースワークの両面から低所得者の自立した生活を支援する形が最も望ましく、それこそが地域福祉の理念にもかなうのではないかと考える。

先般（平成十七年）の三位一体改革の一環としての「生活保護費及び児童扶養手当に関する関係者協議会」（厚労大臣・総務大臣・知事会代表・市長会代表・学識経験者（木村陽子氏と私））の政策的検討[19]――その検討には抜本的構造的見直しと同時に当面の財政抑制的見直しの両面があり、三浦文夫氏の指摘[20]のように後者だけでは必ずしもないことに注意されたい。――いわゆる三位一体改革の議論も参考にして、生活保護制度が二十一世紀にふさわしい公的扶助制度に改革されることが望まれる。さらに社会保障全体の改革の完成を成し遂げ、そうした仕事に従事する人々が、自らの社会的役割・意義を再認識し、前向きに活動されることを願っている。

注

（1）京極髙宣（二〇〇六a）『生活保護改革の視点』全国社会福祉協議会第一部第一章を加筆修正。

（2）21世紀に向けての社会保障編集委員会編（二〇〇一）『21世紀に向けての社会保障――社会保障構造の在り方について考える有識者会議の記録』中央法規出版。

（3）京極髙宣（二〇〇七a）「（研究ノート）社会保障と福祉国家」『社会保険旬報』No.２３３０、二〇〇七年十月十一日号、参照。

（4）社会保障制度審の歴史と役割に関しては、総理府社会保障制度審議会事務局監修（二〇〇〇）『社会保障制度審議会五十年の歩み』法研、参照。

(5) 加藤榮一（二〇〇六）『現代資本主義と福祉国家』ミネルヴァ書房、二五四頁。
(6) 京極高宣（二〇〇一a）『21世紀型社会保障の展望』法研、第1部第二章、および（二〇〇六b）『社会保障は日本経済の足を引っぱっているか』時事通信社、序章、（二〇〇七b）『社会保障と日本経済――「社会市場」の理論と実証』慶應義塾大学出版会、第Ⅱ部第4章参照。
(7) 京極高宣（二〇〇一a）前掲第3部四章、および京極高宣（一九九八）『少子高齢社会に挑む』中央法規出版、第三章および終章、参照。
(8) 京極高宣（一九九九）「21世紀型社会保障の給付・負担はどうあるべきか」『月刊福祉』一九九九年一月号（京極高宣（二〇〇一a）前掲序に所収）参照。
(9) さしあたり、小川政亮（一九七四）『家族・国籍・社会保障』第二版、勁草書房、を参照。
(10) 京極高宣（二〇〇一a）前掲第1部第二章、および（二〇〇六b）『社会保障は日本経済の足を引っぱっているか』時事通信社、序章、その他を参照。
(11) ニートはフリーターや失業者と混同されやすいが、概念的には異なる。玄田有史・曲沼美恵（二〇〇四）『ニート――フリーターでもなく失業者でもなく』幻冬舎、参照。また格差社会に関しては、社会政策学会編（二〇〇七）『格差社会への視座』法律文化社を参照。
(12) 加藤久和（二〇〇七）「（経済教室）年金積立金、二〇五〇年度枯渇も」『日本経済新聞』二〇〇七年十二月十七日付、参照。
(13) 京極高宣（二〇〇一b）「長寿スライド制の導入へ」『毎日新聞』「発言席」二〇〇一年十一月十九日付、参照。
(14) 厚生労働省（二〇〇〇）『平成11年医療経済実態調査』参照。なお調査は二年おきに実施している。
(15) 厚生労働省（二〇〇七）『医療政策の経緯、現状及び今後の課題について』参照。
(16) 京極高宣（二〇〇二）「社会福祉基礎構造改革を考える」（京極高宣（二〇〇二）『福祉社会を築く』中央法

規出版、第五章所収、参照。なお、こうした改革は地方分権改革の巨波からも位置付けられなければならない。わが国の行政学を学問的に打ち立てた西尾勝氏の最近の労作、西尾勝（二〇〇七）『地方分権改革』東京大学出版会、「はじめに」「おわりに」、参照。なお西尾氏は生活保護だけは地方分権化になじまないとみるなど、いくらか矛盾した議論をしている。

(17) この「自立」概念については、京極高宣（二〇〇一ｃ）『この子らを世の光に――糸賀一雄の思想と生涯』ＮＨＫ出版、第二章および終章に詳しく論じられている。

(18) ドイツについては、布川日左史（二〇〇二）『雇用政策と公的扶助の交錯』御茶の水書房、一一頁参照。なお諸外国の動向については、栃本一三郎・連合総合生活開発研究所編（二〇〇六）『積極的な最低生活保障の確立――国際比較と展望』第一法規、参照。

(19) 後述の本書第二部、参照。

(20) 三浦文夫（二〇〇六）「生活保護改革の若干の論点」財団法人社会福祉研究所『所報』第七三号所収。

参考文献

小川政亮（一九七四）『家族・国籍・社会保障』第二版、勁草書房。

京極高宣（一九九八）『少子高齢社会に挑む』中央法規出版。

京極高宣（一九九九）「21世紀型社会保障・給付の負担はどうあるべきか」（『月刊福祉』一九九九年一月号）。

厚生労働省（二〇〇〇）『平成11年医療経済実態調査』。

総理府社会保障制度審議会事務局監修（二〇〇〇）『社会保障制度審議会五十年の歩み』法研。

京極高宣（二〇〇一ａ）『21世紀型社会保障の展望』法研。

京極高宣（二〇〇一ｂ）「長寿スライド制の導入へ」『毎日新聞』「発言席」二〇〇一年十一月十九日付。

京極高宣（二〇〇一ｃ）『この子らを世の光に――糸賀一雄の思想と生涯』ＮＨＫ出版。

21世紀に向けての社会保障編集委員会編（二〇〇一）『21世紀に向けて社会保障――社会保障構造の在り方についての有識者会議の記録』中央法規出版。

布川日佐史（二〇〇二）『雇用政策と公的扶助の交錯』御茶の水書房。

京極高宣（二〇〇二）「社会福祉基礎構造改革を考える」京極高宣（二〇〇二）『福祉社会を築く』中央法規出版。

玄田有史・曲沼美恵（二〇〇四）『ニート――フリーターでもなく失業者でもなく』幻冬舎。

加藤榮一（二〇〇六）『現代資本主義と福祉国家』ミネルヴァ書房。

京極高宣（二〇〇六ａ）『生活保護改革の視点』全国社会福祉協議会。

京極高宣（二〇〇六ｂ）『社会保障は日本経済の足を引っぱっているか』時事通信社。

三浦文夫（二〇〇六）「生活保護改革の若干の論点」財団法人社会福祉研究所『所報』第七三号。

栃本一三郎・連合総合生活開発研究所編（二〇〇六）『積極的な最低生活保障の確立――国際比較と展望』第一法規。

加藤久和（二〇〇七）「（経済教室）年金積立金、二〇五〇年度枯渇も」『日本経済新聞』二〇〇七年十二月十七日付。

社会政策学会編（二〇〇七）『格差社会への視座』法律文化社。

厚生労働省（二〇〇七）『医療政策の経緯、現状及び今後の課題について』。

京極高宣（二〇〇七ａ）「（研究ノート）社会保障と福祉国家」『社会保険旬報』№２３３０、二〇〇七年十月十一日号。

京極高宣（二〇〇七ｂ）『社会保障と日本経済――「社会市場」の理論と実証』慶應義塾大学出版会。

西尾勝（二〇〇七）『地方分権改革』東京大学出版会。

第二章　憲法第二十五条と生存権(1)

第一節　生活保護の目的

現在の生活保護法（旧厚生省の定訳では Daily Life Security Law）は法律制定時（昭和二十五年）以来、その目的を次のように定めている。

「この法律は、日本国憲法第二十五条に規定する理念に基き、国が生活に困窮するすべての国民に対し、その困窮の程度に応じ、必要な保護を行い、その最低限度の生活を保障するとともに、その自立を助長することを目的とする。」（第一条、傍線は引用者）

ところで、わが国の社会福祉法立法の中で、憲法第二十五条を法文に明記しているのが生活保護法だけであるのはなぜかは必ずしも明らかになっていない。しかし、日本国憲法の成立後に国民生活の最低限の保障を定めた新生活保護法はその後、児童福祉法、身体障害者福祉法などと分化し枝分かれしていく社会福祉立法のいわば親法であり、憲法第二十五条の生存権の具現化された基本法だったからと想像するにかたくない。

生活保護法の法案制定と運用で最も心をくだいたとされる厚生官僚、小山進次郎氏は、同法の解説書で次のように述べている。

「〝日本国憲法第二十五条に規定する理念に基づき〟、全ての国民が健康で文化的な最低限度の生活を営み得るよう国政を運営すべきことを国家の責務としている趣旨に基づくものである。[2]」

ただ注意を払う必要があることは、憲法第二十五条が生活保護法にのみ明文化されているからといって他の社会福祉立法は憲法第二十五条の生存権と無縁とみるべきではないということである。

小山氏は、生活保護法のみならず社会福祉立法を包摂する社会保障法の特質として次のように述べている。

「先ず社会保障法を通じ認められる第一の特質は、生存権の確認という理念が法律の規定にかなり明瞭に現れているということである。生活保護法は、この趣旨をその第一条において〝この法律は、日本国憲法第二十五条に規定する理念に基づき〟と規定し、児童福祉法第一条は〝すべて国民は、児童が心身ともに健やかに生まれ、且つ、育成されるよう努めなければならない。〟と規定し、失業保険法第一条は〝……その生活の安定を図ることを目的とする。〟と述べている。いずれもその趣旨を直接または間接に述べているものと解釈することができる[3]」（傍点は引用者）。

このように考えてくると、いわゆる生存権は、わが国社会保障法を象徴する根本理念としてみてよいだろう。しかしながら、わが国の社会福祉学界の一部においては、憲法第二十五条の生存権を狭隘《きょうあい》に解釈し、いわば生活保護請求権とほぼ同義に捉える狭隘な見解も一部に存在するようにみえる。例えば小川政亮氏のように生存権↓社会保障権の論理は肯定されるとしても、社会保障の権利を社会保険と社会扶助とに分解して、各々を社会保険の権利と社会扶助の権利（保護請求権）に二つに区分することから、論理的必然性から社会保険部分を除くと、生存権↓社会保障権（保護請求権）と結果的になってしまう法的論理構造となってくる。小川氏は氏のオリジナルな功績である保護請求権に学問的関心が強いだけに、保護受給権＝保護請求権として、さらに生存権↓保護請求権と短絡化されて誤解される内容を持っているといえよう。(4)そこから反対に、最低生活を超える生活保障を得る権利をあえて憲法第二十五条から切り離し、憲法第十三条の個人の尊重の規定との関連から、幸福追求権として説明する向きも数多くある。(5)これらについては両者とも生存権を生活保護請求権と狭義に抱える見解として共通項をもっている。この問題に関しては憲法学者の見解も多数あるが、私見としては基本的人権の法全体の構成からみて正しくない解釈であると考えている。(6)

というのは、通説のように憲法第十三条を幸福追求権と定式化することがそもそも誤りで、個人の尊重の例示として、生命、自由のほか幸福追求に関する国民の権利を保障する旨が定められているからである。したがって自由権とか生命権などが憲法第二十五条から例示のレベルを超えて独立した基本的人権となることは奇異に思われる。あくまで個人の尊重は、公共の福祉に反しない限りであることを確認しているのである。また、憲法各条の法的構成からみて生存権はあくまで基本的人権の一つであり、憲法上の基本的人権は国民の権利および義務に関する第三章の内部に全体として規定され、その中に生存権に関する第二十五条も存在するからである。第二十五条の生存権を基本的人権に関する第三章の全体構成から切り離して、孤立的に法的に解釈することは誤りに陥りやすい。基本的人権は第十一条の基本的人権の享有および

第十三条の個人の尊重の規定を踏まえ様々な人権に関する条文に続き、「すべて国民は、健康で文化的な最低限度の生活を営む権利を有する。国は、すべての生活部面において、社会福祉、社会保障及び公衆衛生の向上及び増進に努めなければならない。」（第二十五条）などと定めているのである。

ここで第二十五条の条文を法解釈学的に専門的に議論することは、ひとまず控えるが、私見ではこの生存権は、基本的人権として次に続く第二十六条の教育を受ける権利、教育の義務、第二十七条の勤労の権利及び義務、第二十九条の財産権につながっているものと解釈すべきである。というのも、生存権の保障はまず国民が教育を受けることができて、労働能力を養い、そして勤労することで稼得収入を得て、さらに財産を処分するという自助努力をも、国が国民の基本的人権として認め、その上でやむを得ない事情がある場合に生存権保障の最後の施策として生活保護の扶助を憲法第二十五条の生存権に基づき国が与えるという立法構図となっているからである。つまり生活保護を受ける際の他法他施策を優先させる以前に原則として自助努力をも国民の生存権として支援するのが日本国憲法の基本的人権の内容となっているからではなかろうか。基本的人権→生存権→生活保護受給権という法論理は確かに認められるが、基本的人権→生存権（イコール生活保護請求権）というように短絡的であってはならないのである。生活保護はまさに生存権保障の最後の施策として理解されなくてはならないと考えられる(7)。

とすれば、生命や自由とは別途に幸福追求のみを代表的権利として第十三条の幸福追求権を生存権の及ばぬ領域の権利としていたずらにふりまわし、生存権の意義と限界を見定めない見解は正しくないのである。しかもそれは、すでにふれたように「公共の福祉に反しない」限りでの個人の尊重なのである。

第二節　憲法第二十五条の生存権規定

さて憲法第二十五条の法学的解釈はいくつかの学説的対立があり、現在必ずしも定説といったものが存在しないようにみうける。しかし、立憲過程の原典にあたった労作として島崎謙治氏（前国立社会保障・人口問題研究所、現政策研究大学院大学教授）の論文(8)（以下は島崎論文を参照）に基づいてみると、以下のごとくである。

憲法の内容論議が始まった戦後初期の段階でGHQ民生局行政部で憲法上に社会保障制度に関する規定を置くべきとする意見と不要とする意見の激しい対立があり、当時の民生局長ホイットニー准将が「社会立法に関する細かな点は省略するほうがよいが、社会保障制度を設くべしという一般的な規定に置くほうがよい」と裁断し、その結果つくられたGHQ試案では「法律は、生活のすべての面につき社会の福祉並びに自由、正義および民主主義の増進と伸張を目指すべきである。（中略）この目的を達成するため、国家は次のような法律を制定するものとする」として、公衆衛生および社会保障があげられていた（図表2-2-1）。

この案を下敷きに昭和二十一年六月二十日に大日本帝国憲法改正案が第九十回帝国議会に提出されたが、現在の憲法第二十五条の原案は第二十三条法案で、そこでは「法律は、すべての生活部面において、社会の福祉、生活の保障及び公衆衛生の向上及び増進のために立案されなければならない。」という規定に変わった。これを受け、本会議は特別委員会（芦田均委員長）に審議を付託し、その審議の結果、まず第一

図表2-2-1　昭和二十一年八月二十四日衆議院で修正可決された憲法第二十五条条文

第二十三條〔二十五〕　全て国民は、健康で文化的な最低限度の生活を営む権利を有する。
法律は〔國〕、全ての生活部面について、社會の福祉、生活〔社會〕の保障及び公衆衛生の向上及び増進のために立案されなければならない〔に努め〕。
（「社会保障と憲法に関する研究」中間取りまとめ資料より）

に第二十三条を第二十五条として次のように修正した。「法律は」を「国は」に、また「立案されなければならない」を「努めなければならない」に、さらにまた「社会の福祉」を「社会福祉」に、「生活の保障」を「社会保障」に修正（字体は新字体を採用）した。

なお、念のために述べれば、現行憲法第二十五条の社会保障は通説のように必ずしも所得保障の意味ではなく、歴史的分析からみても社会保険を意味していたことは明らかである[9]。また、社会福祉も今日でいう狭義の福祉サービスでなく、当時のアメリカのソーシャル・ウェルフェア（social welfare）と同様に生活保護を含む広義の意味であったことも明確である。

第二に、第二十三条を第二十五条に移行させ、第一項として、社会党（特に森戸辰男議員）が主張していた生存権規定を入れ、先の第二項を合わせて現行規定に修正した。

こうしてできあがったのが憲法第二十五条である。したがって、このように考えてくれば第一項の生存権は原案の後に修正加筆された抽象的規定として設置し、それによって各種社会保障制度の整備を国の責任で推進するという第二項のプログラム規定が生きてくるのである。

第三節　社会保障論の新旧学説比較

以上のようにみてくると、旧来の狭義の生存権保障説と私のいう新しい社会保障説には考え方に大きな差が生じてくる。参考のために社会福祉教育（ソーシャルワーカー養成）との関連で社会保障の新旧学説をあえて対比させれば、図表２－３－１のようになろう。

ここで若干の説明を加えてみれば、まず社会保障論の旧説の代表として、小川政亮氏の旧来の学説⑽をあげ、また筆者を社会保障論の新説の代表としてあげてみる。厳密に図式化的対立の無理があることはあえて承知の上で極端に対比をしたのが図表２－３－１である。

そこで社会保障の内容を支える生存権に関する見解の相違（「３　生存権」の項）をみると、旧説は憲法第二十五条の生存権を国民への最低限の所得保障と捉え、そこから生活保護受給権へ直結する見方をとり、国家責任で生活保護費を支給せよということになり、生活保護請求権となる。他方、新説は憲法上の生存権を文字どおり健康で文化的な最低限の生活が保障される権利として捉え、それは必ずしも生活保護にとどまらず、他の社会保障制度の活用はもちろん、勤労等の自助努力への国の支援を含めてみる見方である。

図表２－３－１　社会保障論の新旧対照表

	旧　説（代表＝小川政亮）	新　説（代表＝京極高宣）
1 社会保障 （理　念） （対　象） （本　質） （範　囲）	 権利としての社会保障 （国家保護中心） 社会的弱者の救済 救貧・防貧対策 生活保護中心	 社会連帯による社会保障 （自立支援） 広く国民の自立支援 国民の生活保障 年金，医療，福祉等の全般
2 憲法との関係	憲法第25条中心	憲法前文＋第11，12，13条＋25条 →26条，27条，29条
3 生存権 （憲　法） （内　容） （第１項） （第２項） （学　説）	 第25条　第１項・第２項 最低限の所得保障 （イコール生活保護請求権） 具体的権利 実施規定（すべて国家責任） 第１項，第２項の一体説	 第25条第１項 健康で文化的な生活保障 抽象的権利 プログラム規定 （向上及び増進の国家責任） 第１項，第２項の分離説（有機的一体説） 基本的人権＋社会保障法制
4 社会福祉教育との関係	生存権＋福祉六法	
5 ソーシャルワーカー像	福祉事務所（または児童相談所）等の公的ソーシャルワーカー	社会保障と関連分野のすべての公私ソーシャルワーカー

注：念のため，上記の小川説は戦後初期のもので，その後，保護請求権を含む壮大な社会保障の権利体系として発展していることをあえて記しておきたい。詳しくは，小川政亮（2007）『小川政亮著作集（全８巻）』，大月書店，特に「第１巻　人権としての社会保障」参照。

そして国の責任は、第二項のプログラム規定で解釈し、社会保障制度の推進（社会福祉、社会保障及び公衆衛生の向上及び増進に努めること）とみるわけである。

もちろん、周知のとおり憲法第二十五条の第一項と第二項の関係について分離説と一体説などの諸説[11]があるが、本章では詳しく議論することはあえてしないが、結論を先取りすれば私見ではどれも中途半端であるといわざるを得ず、第一項の生存権理念の規定と第二項の国のプログラム規定を統一的に把握するべきである。

憲法第二十五条の第一項と第二項の関係に関しては、次のような指摘がある。「憲法二十五条の裁判規範性を考える場合、同条一項と二項との関係について論じておく必要がある。この一項と二項との関係については、一体的に解釈すべきであるとする一体論と、分離して解釈する分離論があるが、分離論にもいくつかの考えがある」(堀勝洋、一九九四)。なお堀氏は、自説を次のように述べている。「著者は、憲法二十五条の一項と二項とでは、ア・国政の遂行の指針としての意味においても、イ・裁判規範としての意味においても、異なった規範内容を持つと解し、この意味で分離の立場に立っている。ただし、一項が救貧施策を定めて生活保護法の根拠となり、二項が防貧施策を定めてその他の社会保障法の根拠となるというような、施策や法の根拠を一項と二項とに分けて考えるわけではない。(中略)すなわち、一項は救貧施策等、生活保護法のみならず、防貧施策、その他の社会保障法を含め全ての国政全般に関わるし、二項についても救貧施策、生活保護法に関わる。筆者の分離論は、一項と二項の規範内容が異なるという意味においてである[12]」。また同様に、菊池馨実氏は「憲法二十五条一項と二項の関係につき、いわゆる一項・二項分離論を支持する筆者の立場からすれば、わが国実定法秩序にあって憲法二十五条、とりわけ一項がその規範的根拠規定である。この理念は、国家がナショナル・ミニマムの思想とも相通ずる基礎的生活水準の保障責任を負っていることを示すものと考えられる[13]。」と述べ、「憲法二十五条は、政策策定の指針としても、裁判規範としても、〝健康で文化的な最低限度の生活〟の保障(一項)とそれを超えたより快適な生活の保障(二項)という二重の規範的意味を有していると考えられる[14]。」としている。

こうした生存権の捉え方と社会保障の理念把握とは深い関係があることを次にみることとしたい。

旧説の生存権思想からは、社会保障は「権利としての社会保障」として社会的弱者救済を国家保護で行うことにいきおい行きつくことになるが、新説では社会保障の理念は広く国民生活の自立支援を国と地方、企業（ないし団体）、国民が各々に力を合わせ、社会連帯で行い、国民の生活保障を図ることと解釈したい。また、私の新説では旧説のように憲法第二十五条の生存権だけでなく、少なくとも憲法第三章の基本的人権の諸規定に広く基づき、第二十五条の生存権を中心に教育権や労働権、財産権の保障にも及ぶものとして捉えることができる。

こうした新説に基づく社会保障の捉え方からは、新たな社会福祉教育で養成されるソーシャルワーカーとは福祉事務所の生活保護ケースワーカーにとどまらず、社会保障と関連分野で国民の人権（憲法上の基本的人権）を守る幅広い高質のソーシャルワーカーとして活躍が期待されるのである。[15]もちろん、くりかえしになるが、右の社会保障論の新旧学説比較（図表２－３－１）は、やや厳密さを欠き、小川政亮氏などの戦後初期の見解――その後の小川説が生活保護に限らぬ社会保障全般への国民的権利（社会保障の権利）の理論として発展してきたことを否定するわけではない――を狭く解釈しすぎたきらいがあることを十分に承知した上で、二十一世紀にふさわしい新しい社会保障理念を日本国憲法において位置付け直して、あえて私なりに問題提起として強調してみた次第である。[16]

注

（1）京極高宣（二〇〇六）『生活保護改革の視点』全国社会福祉協議会の第一部第二章を加筆修正。
（2）小山進次郎（二〇〇四）『（改訂増補）生活保護法の解釈と運用』全国社会福祉協議会、九二頁。
（3）小山進次郎編（一九五三）『社会保障関係法Ⅰ』日本評論社、九頁。
（4）小川政亮（二〇〇七）『小川政亮著作集（第一巻）』大月書店。小川説は初期には「生存権」一本やりの理論として捉えられた向きもあったが、その後は生存権をベースに「社会保障の権利」として発展させたところに最大の学問的特徴があるといえる。

(5) それに対する批判には、堀勝洋（一九九四）『社会保障法総論』東京大学出版会、第三章第二節、参照。ただし念のために述べておくが、小川政亮氏自身は必ずしもそうした見解を決してとっていない。

(6) この点に関する本邦最初の指摘は、京極高宣（二〇〇五）「社会保障と憲法」（日本社会事業大学『研究紀要――京極高宣教授退任記念号』第五二集、二〇〇五年十二月所収）においてである。

(7) なお念のために私見を加えると、生存権をめぐる法的論理として「人間の尊厳→基本的人権（生存権）→福祉権という論理」が存在し、生活保護受給権は生活保護請求権と同様に生活保護法に基づく福祉権の範疇に属するといえる。京極高宣（一九九五）『社会福祉学とは何か』全国社会福祉協議会、二四頁参照。

(8) 島崎謙治（二〇〇六）「憲法と社会保障の実施責任・財政責任の規律」『季刊社会保障研究』第四一巻四号。

(9) なお被占領期の旧生活保護法の成立過程に関しては、菅沼隆（二〇〇五）『被占領期社会福祉分析』ミネルヴァ書房、参照。

(10) 古くは小川政亮（一九六四）『社会事業法制概説』誠信書房、新しくは小川政亮（一九九二）『社会事業法制（第四版）』ミネルヴァ書房、などがある。

(11) 堀勝洋（一九九四）前掲、一四六頁、一四八頁。

(12) 同前。

(13) 菊池馨実（二〇〇〇）『社会保障の法理念』有斐閣、一三六頁、参照。

(14) 同前。

(15) ソーシャルワークと社会保障の関係で最近の実践的労作をあげると、木原和美（二〇〇七）『医療ソーシャルワーカーのための社会保障論』勁草書房、をあげることができる。

(16)　小川政亮（一九六二）「社会保障の権利」（『小川政亮著作集（第一巻）』大月書店、二〇〇七年所収論文）参照。

参考文献

小山進次郎（一九五三）『社会保障関係法Ⅰ』日本評論社。

小川政亮（一九六四）『社会事業法制概説』誠新書房。

小川政亮（一九九二）『社会事業法制（第四版）』ミネルヴァ書房。

堀勝洋（一九九四）『社会保障法総論』東京大学出版会。

京極高宣（一九九五）『社会福祉学とは何か』全国社会福祉協議会。

菊池馨実（二〇〇〇）『社会保障の法理念』有斐閣。

小山新次郎（二〇〇四）『（改訂増補）生活保護法の解釈と運用』全国社会福祉協議会。

京極高宣（二〇〇五）「社会保障と憲法」日本社会事業大学『研究紀要――京極高宣教授退任記念号』第五二集、二〇〇五年十二月所収。

菅沼隆（二〇〇五）『被占領期社会福祉分析』ミネルヴァ書房。

島崎謙治（二〇〇六）「憲法と社会保障の実施責任・財政責任の規律」『季刊社会保障研究』第四一巻第四号。

京極高宣（二〇〇六）『生活保護改革の視点』全国社会福祉協議会。

木原和美（二〇〇七）『医療ソーシャルワーカーのための社会保障論』勁草書房。

小川政亮（二〇〇七）小川政亮著作集編集委員会『小川政亮著作集（第一巻）』大月書店。

第三章　日本経済と生活保護の役割(1)

第一節　社会保障に占める生活保護の位置

戦後初期には公的扶助（わが国での生活保護）は、わが国社会保障の中心であった。それは税に基づく公的給付で国家保護の色彩が強く国家扶助とも呼ばれたが、社会保障制度審議会（会長＝大内兵衛）の「昭和二十五年勧告」（「社会保障制度に関する勧告」）は次のようにその概念を明らかにしている。

「国家扶助（生活保護の意――引用者）は、生活困窮に陥ったすべての者に対して、国がその責任において最低限度の生活を保障し、もって自立向上の途をひらくことを目的とする」（「一九五〇年社会保障制度に関する勧告」第二編）

その意味では戦後の日本の生活保護は、その後の時期を問わず年金制度の発達いかんにもかかわらず、国民の最低限度の生活を国家の責任で保障するものとして特別な位置を占めている（図表3-1-1）。

こうした生活保護の最低生活維持機能（ナショナル・ミニマム達成機能）は、社会保障のいわば根幹機能

図表3－1－1　被保護世帯数，被保護人員，保護率の年次推移

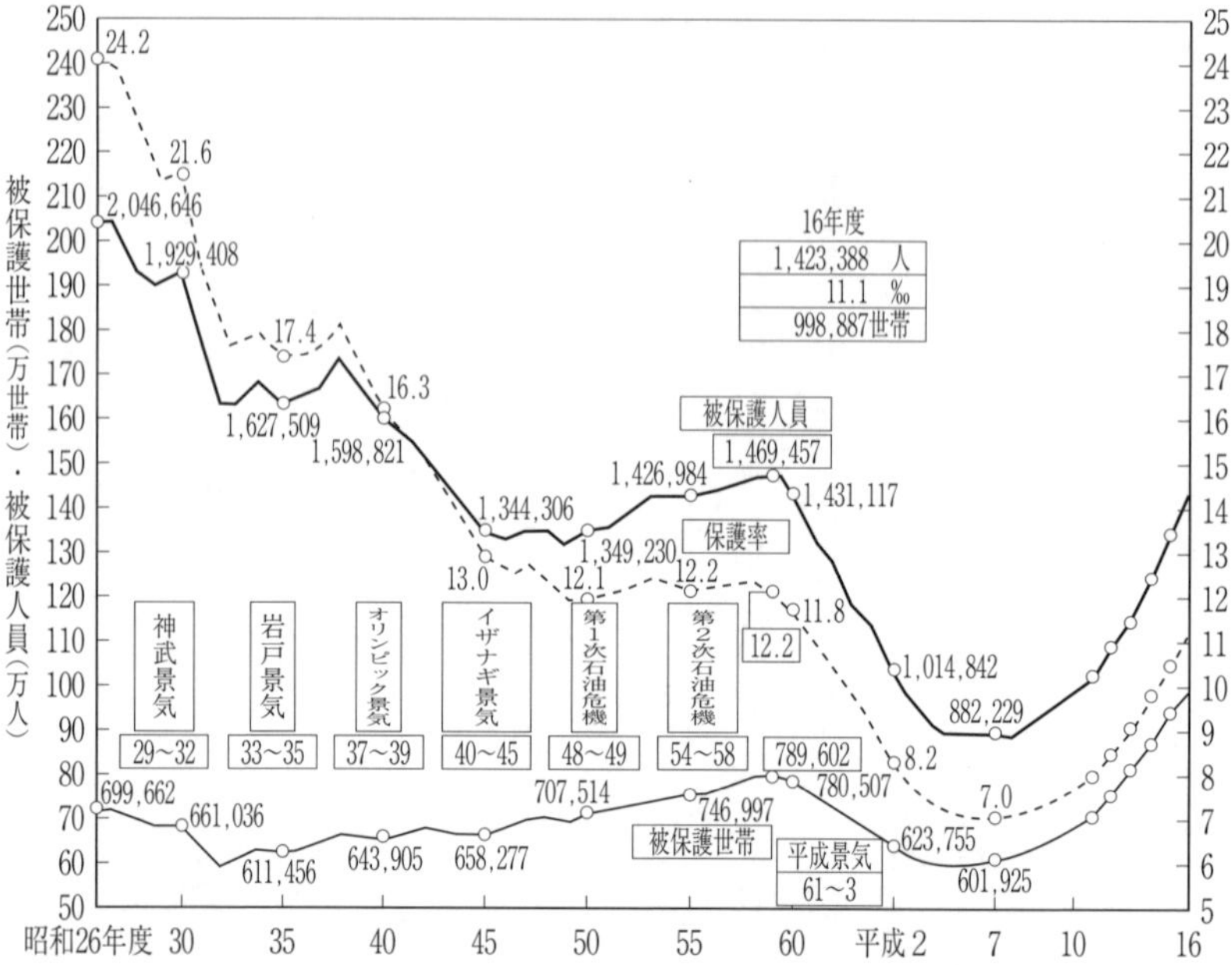

資料：厚生労働省「福祉行政報告例」。
出典：京極髙宣『生活保護改革の視点』全社協，2006年，156頁。

ともいうべきものである。それは、戦後復興期を経て戦後の日本経済が安定した発展を遂げ、年金・医療などの社会保険制度が確立した後も、景気変動にかかわらず今日でも日本国民の約一％（百人に約一人の割合）の人々の日常生活を恒久的に支えていることを再確認すべきであろう。平成十六（二〇〇四）年度には総額約二兆五千億円が約百四十二万三千人の被保護人員の最低生活（月額平均十四万七千円）を支えていることが分かる（図表3－1－2）。

「昭和二十五年勧告」（「社会保障制度に関する勧告」）は、先のような一般原則を述べた後に次のような重要な指摘をしている。

「わが国社会の実情とくに戦後の特殊事情の下においては、保険制度のみをもってしては救済し得ない困窮者は不幸にして決して少くない。これらに対しても、国家は

図表3－1－2　被保護高齢者（65歳以上）の年金受給状況

	保護費総額	被保護人員	65歳以上被保護人員(A)	うち年金受給者(B)	年金受給率(A/B)	年金受給者1人あたり年金受給額	1人当たり保護費
	億円	人	人	人	人	円(月額)	円(月額)
平成10年	16,960	946,994	319,820	172,940	54.1	44,212	149,250
平成11年	18,269	1,004,472	350,450	178,470	50.9	44,885	151,560
平成12年	19,393	1,072,241	372,340	186,770	50.2	45,601	150,719
平成13年	20,772	1,148,088	409,540	201,410	49.2	45,610	150,770
平成14年	22,181	1,242,723	449,250	216,380	48.2	45,672	148,742
平成15年	23,881	1,344,327	491,680	232,280	47.2	45,847	148,036
平成16年	25,090	1,423,388	527,310	248,920	47.2	45,758	146,889

出典：厚生労働省社会・援護局保護課資料より。

直接彼等を扶助しその最低限度の生活を保障しなければならない。いうまでもなく、これは国民の生活を保障する最後の施策であるから、社会保険制度の拡充に従ってこの扶助制度は補完的制度としての機能を持たしむべきである」（同上）（傍点――引用者）。

歴史的にも、一九五〇年代後半における国民皆年金・皆保険の時代の到来で、戦後初期にほとんど唯一の社会保障であった生活保護が、その後急速に成長した社会保険制度の補完的機能を担い始め、今日では完全に社会保険制度の補完となっているといえる。

ちなみに近年（一九九八～二〇〇四年度）の生活保護を受給している高齢者（六十五歳以上）においてみると、図表3－1－2のごとく戦後復興期と比べて、年金制度が成熟化して国民皆年金が徹底している今日（平成十六年度）においても、依然として無年金者も約半数いる。低額である年金受給者（約二十四万九千人）も五〇％弱となっており、被保護高齢者一人当たりの年金受給額も月額四万四千～四万五千円程度の少額となっている。

したがって、今日においてなお生活保護は無年金者の最低生活維持機能ばかりでなく、低年金者に対する最低生活費の公的補填という意味の、年金制度の補完的機能を依然として担っているということができる（図表3－1－2）。

第二節　戦後日本経済と生活保護

戦後日本経済と社会保障の発展をあえて相互に関連させて私のオリジナルな超マクロ的時期区分で、第Ⅰ期（一九四五～一九六四年）、第Ⅱ期（一九六五～一九八四年）、第Ⅲ期（一九八五～二〇〇四年）と三つの段階に区切って考察してみよう[2]。

周知のとおり、第Ⅰ期においては、第二次世界大戦における日本の敗戦は戦時中から既に崩壊寸前だった日本経済をさらに根底から崩し、国土は荒廃し生産力は激減し、失業者やホームレスなどが街に溢れ、ほとんどすべての国民は貧困のどん底に陥った。わが国の生活保護はＧＨＱ（連合国軍総司令部）の指令もあって、敗戦後直ちに旧生活保護法（一九四六年）が制定され、その後改正され新生活保護法（一九五〇年）として法制化された。被保護人員も二百万人を優に超え、当時の生活保護は貧困にあえぐ国民の最低生活を支える上で極めて偉大な役割を果たしたことは何人も否定できない事実である（図表3－2－1）。

しかし「もはや戦後は終わった」と昭和三十一年『（昭和三十年版）経済白書』で謳われる高度成長開始期に至ると、被保護人員はしだいに減少し、例えば第Ⅱ期の最初（一九六五年）には約百六十万人になった。当時は年金制度が未成熟の段階であったことを考慮すれば、保護の適正化[3]などによるというよりは、経済成長による国民所得の向上と好景気による安全雇用の実現が被保護人員減少の最大要因としてあげられる。高度経済成長による雇用の改善等が失業率を低下させ、保護率を下げたのはある意味で当然であっ

図表3－2－1　被保護世帯数及び人員の推移

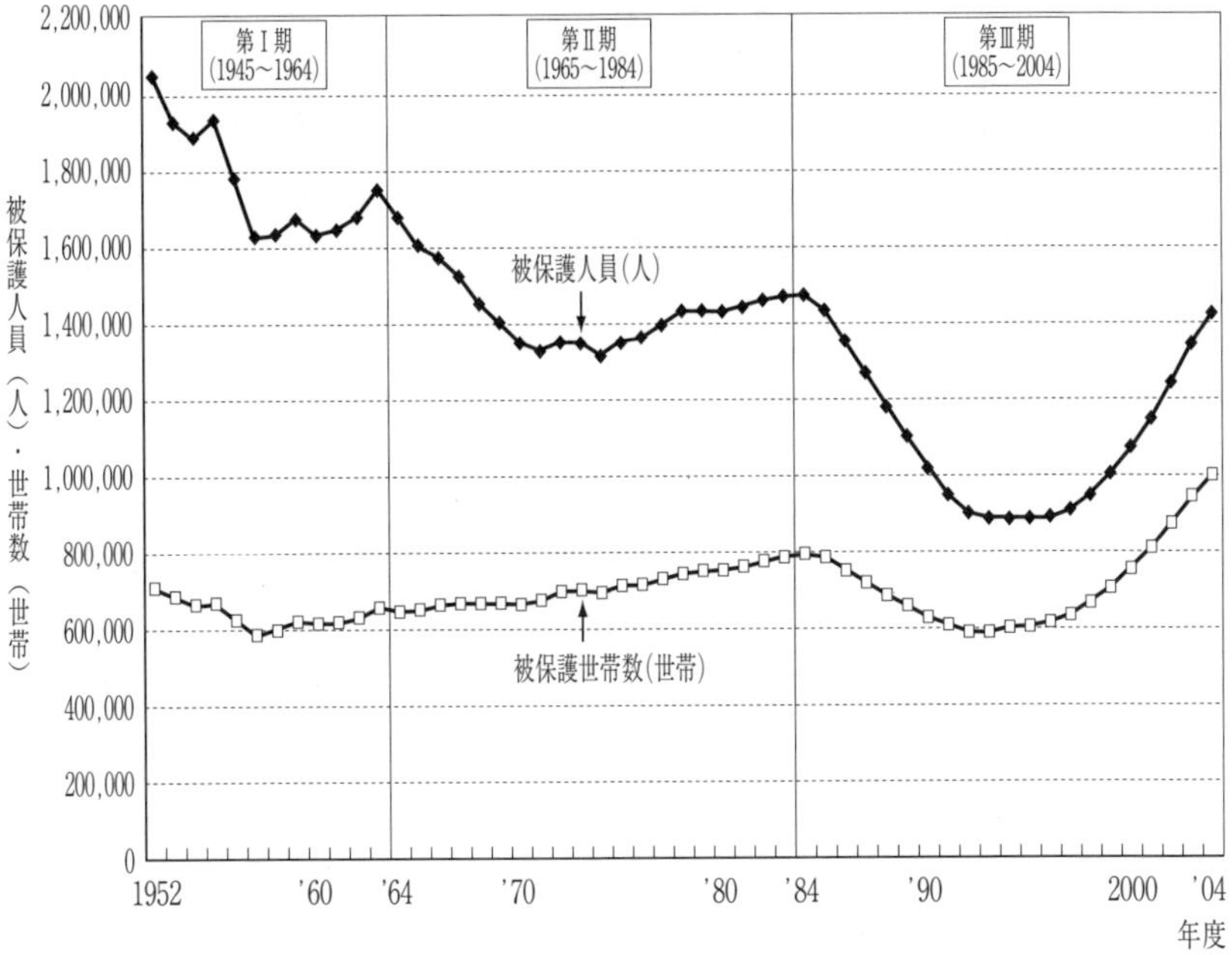

注：第Ⅰ期～第Ⅲ期の時期区分は筆者のオリジナルなものである。
出典：厚生労働省社会・援護局保護課資料より国立社会保障・人口問題研究所菊地英明が作成。

た。

第Ⅱ期においては、二度に及ぶ石油危機にもかかわらず経済成長はそれなりに達成され、年金制度も成熟化して、被保護人員は緩やかに減少し、その後人口の高齢化で緩やかに増加するという傾向をたどった。[4] 特に年金制度の充実は全体としては、老後生活の安定をもたらし被保護高齢者の増大を抑制した。ただ、いわゆる核家族や三世代家族などの被保護世帯は急速に減少したが、被保護世帯数は第Ⅰ期の減少傾向と比べると、むしろ全体的に増大傾向が見受けられ、独居老人や母子世帯やハンディキャップがある単身者の世帯が増大したことがうかがえる。

第Ⅲ期（一九八五～二〇〇四年）になると平成景気（バブル景気など）で一時的には被保護人員と被保護世帯ともに急減

し、百万人台を下回ったこともあるが、バブル崩壊後の景気低迷で反転急上昇し、今日では昭和六十（一九八五）年当時の保護率（百四十万人台）に復帰しつつある。国民皆年金の下で年金制度がほぼ成熟化され、障害年金や各種手当が第Ⅱ期（一九六五〜一九八四年）に準備され、それが第Ⅲ期（一九八五〜二〇〇四年）で充実されたにもかかわらず、被保護者が急増したのは、全国に全体としてみれば地方行政や福祉事務所の取り組みいかんというよりは、むしろ客観的には構造的不況要因といえる。

一般的にみても、日本の景気循環が生活保護受給者の増減に影響を与えたのは統計的にも明らかである。特に近年の保護率の上昇には不況による失業率の上昇や有効求人倍率の減少等の客観的要因が働いていることは確かである。

以上のように生活保護の推移は、例えば経済成長、経済循環、産業構造転換など日本経済の諸要因が決定的に影響を及ぼしている。

しかしながら、逆に、日本経済の状況があたかも独立変数で生活保護の状況が従属変数のように単純に捉え、それだけ強調して生活保護行政の在り方の議論を終わらせてよいのかどうかは慎重に議論しなくてはならないだろう。特に、後述するように地方行政の取り組みやケースワークのあり方いかんが保護の適正化を左右するからである。（本書第四章参照）

ちなみに生活保護が国の機関委任事務から法定受託事務に変わったことから、福祉事務所の現業員のしばりが緩くなり、特に、地方自治体の姿勢いかんによって、例えば、一部の政令指定都市では現業員配置が必ずしも従来どおりにいかず、そこから安易な生活保護費の支給がおこるケースもままみられるといわれている。（図表3-2-2）

図表３－２－２　現業員充足率（専任換算なし）と標準数１人の福祉事務所数の全福祉事務所にしめる割合との相関（平成15年・県）

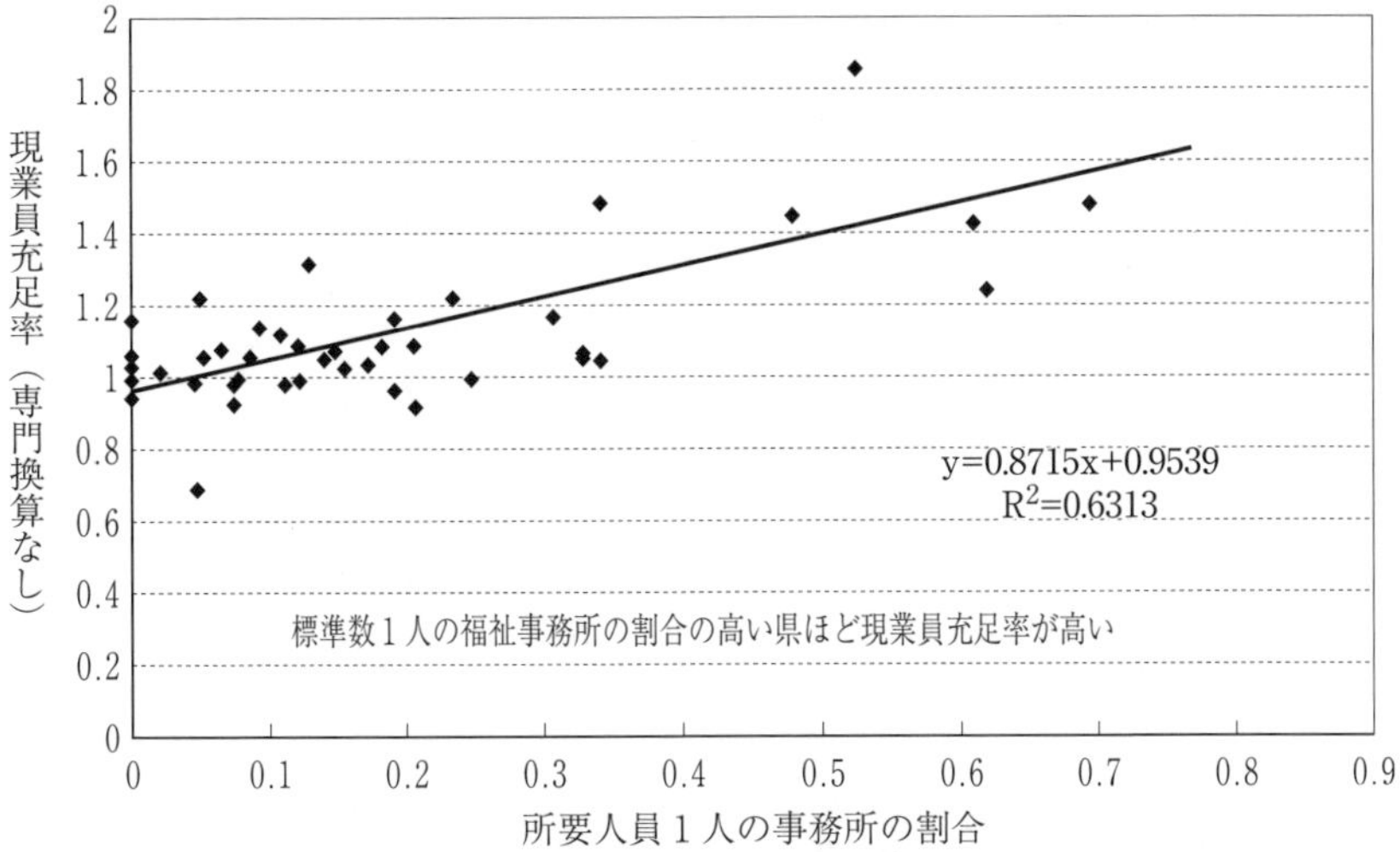

出典：厚生労働省生活保護費及び児童扶養手当に関する関係者協議会における第２回共同作業資料。

もちろん、この相関は必ずしも因果関係とはいえず、しかも相関係数（r）はR^2の√で約〇・八くらいであり、それなりに高いことは認めなければならない。いずれにしても、生活保護の存在が日本経済にどのような影響をもたらしているかを、我々はもう少し深めて議論しなければならない。ちなみに三位一体改革に関する協議会のプロジェクトチームでは、指定都市の取組みと生護率の相関が極めて高い統計も提供されている。

第三節　生活保護の経済効果

わが国の生活保護は地域ごとの保護率に幅があっても、戦後一貫して低所得者への生活扶助等を通じて国民生活の安定維持に寄与してきたことはいうまでもない。そして税による公的給付により所得再分配効果は垂直的再分配効果の少ない年金と比べても社会保障の中でも最大である。

しかし時代によって保護対象は変化しており、戦後しばらくは働ける貧困者（いわゆるワーキング・プア）が主な対象であったが、各種の就労支援策や国民皆年金・皆保険の確立で、その問題は一応解消し、近年のニートやフリーターなどを別とすれば、むしろ働けない貧困者（ノンエイブルボディド・プア）が主な対象となってきた。特に第Ⅲ期（一九八五〜二〇〇四年）に入り、この十年間における被保護世帯の内訳をみると、高齢者世帯と疾病・障害世帯とが八割を占めていることが分かる（図表３－３－１）。

特に高齢者世帯は、不況下で本人または配偶者の働き口がなくなり預貯金などを使い切り、甘んじて生活保護を受ける者などが大半であろう。また被保護世帯のウエートは高度成長期を境に全体としては都市化との関係で郡部から市部（生活保護費総額の八割）へ移り、農村の潜在的過剰人口を都市部が吸収する結果となったようにみえる。

生活保護は、一般的に日本経済の最底辺にあえいでいる低所得者層の長期的な最低生活維持機能を持つだけでなく、雇用保険を補完しつつ経済循環の不況下で急増する低所得者層の短期的な最低生活維持機能（クッション的安全弁機能）を持つという二重の意味のセーフティネット機能を発揮している。

それは国民経済的には低所得者の消費生活を維持して、当該地域の消費支出の拡大に従ってマクロ的には内需拡大にも結果的に一定程度、貢献しているのである。もちろん厳密には、生活保護の給付も生活扶助のような現金給付は生活必需品への消費需要を満たすことで地元の経済社会に影響を直接的に与え、現物給付的色彩の強い医療扶助、介護扶助等は病院、施設などの運営費への支払いを通じて間接的に地域経済に影響を与えるといえる。

例えば、第Ⅰ期の最後（一九六四年）のＧＤＰ（国内総生産）三十兆三千九百九十七億円のうち、生活保

図表３‐３‐１　被保護人員数等の平成７年度から平成16年度への変化

	7年度		16年度		7年度→16年度		
					増加数	増加率(%)	寄与度(%)
被保護人員数	882,229		1,423,388		541,159	61.3	
保護率(‰)	7.0		11.1				
保護世帯数	600,980	100%	997,149	100%	396,169	65.9	
高齢者世帯	254,292	42.3	465,680	46.7	211,388	83.1	35.2
母子世帯	52,373	8.7	87,478	8.8	35,105	67.0	5.8
その他	294,315	48.9	443,992	44.5	149,677	50.9	24.9
疾病・障害	252,688	42.0	349,844	35.1	97,156	38.4	16.2
その他	41,627	6.9	94,148	9.4	52,521	126.2	8.7
一般世帯数(千)	40,770	100%	46,323	100%	5,553	13.6	
高齢者世帯	5,616	13.8	9,558	20.6	3,942	70.2	9.7
母子世帯	482	1.2	626	1.4	144	29.9	0.4
その他	34,672	85.0	36,140	78.0	1,468	4.2	3.6
世帯保護率(‰)	14.7		21.5				
高齢者世帯	45.3		48.7				
母子世帯	108.7		139.7				
その他	8.5		12.3				

出典：厚生労働省社会・援護局保護課調べ。

図表３‐３‐２　生活保護と国民経済　（単位：億円，％）

	第Ⅰ期注1		第Ⅱ期		第Ⅲ期	
	1955年	1964年	1965年	1984年	1985年	2003年注2
GDP（名目）注3	85,979	303,997	337,653	3,068,093	3,274,332	4,935,532
一般会計予算注4	10,133	33,405	37,447	515,134	532,229	819,396
社会保障給付費注5	3,893	13,475	16,037	336,936	356,798	842,668
生活保護注5	—	1,158	1,358	14,625	15,027	23,656
生活保護／GDP	—	0.38	0.40	0.48	0.46	0.48
生活保護／一般会計予算	—	3.47	3.63	2.84	2.82	2.89
生活保護／社会保障給付費	—	8.59	8.47	4.35	4.21	2.81
年金保険注5／生活保護	—	1.02	1.13	8.92	9.62	18.18

注１：便宜的に1945年からではなく，数字のとりやすい1955～1964年としている。全て年次は年度。
２：社会保障給付費の最新データが2003年のため，2004年の数字の代わりに2003年の数字を用いている。
３：GDP は，内閣府経済社会総合研究所「国民経済計算年報」
４：一般会計予算は，財務省主計局調査課「財政統計」
５：社会保障給付費，生活保護，年金保険は，厚生省（現厚生労働省）大臣官房政策課および国立社会保障・人口問題研究所「社会保障給付費」
出典：国立社会保障・人口問題研究所企画部の本田達郎が作成。

護（千百五十八億円）は〇・三八％である。それは一九八四年に〇・四六％と少し上昇し、二〇〇三年に〇・四八％とほぼ横ばい状態になっていて、生活保護は一貫して日本経済の底辺（GDPの約二百分の一）を支えている（図表3-3-2）。

なお年金制度の成熟化により、年金保険の生活保護との比率は一九六四年には一・〇二と同等比であったのが、一九八四年に八・九二、二〇〇三年になんと二十倍弱（二八・一八）と、国民の老後生活を支える主役は生活保護から完全に年金に道を譲り、年金の補完機能になったにもかかわらず、最低生活維持機能（国内総生産GDPの約〇・五％）は変わらないのである。

また、石炭から石油へのエネルギー転換などの産業構造の変化との関係で大量に失業者が発生し、そうした失業者がやがて被保護者となり、旧産炭地や大都市ドヤ街などには数多く住みつくことになったが、それらの受給する保護費が波及的に地域経済を支えるという機能を果たしていることも指摘されている。例えば、生活保護のトータルな地域経済波及効果は公共事業と比べても遜色ないとの大阪市における計量分析[5]もある。

いずれにしても生活保護法第一条にあるごとく、生活保護の目的は単に最低生活の保障であるだけでなく、「その自立を助長すること」にもあり、福祉事務所のケースワーク機能により一定期間を経て生活保護から全部または一部脱却するという積極的な自立支援機能を持っている。

近年、こうした自立支援機能は、福祉事務所の被保護者への支援機能がややもすると弱まっているとはいえ、例えば病院や施設で生活している高齢者や精神障害者などが保護廃止（二〇〇三年で稼動収入増一〇・二％、疾病治癒一九・七％などの理由）になったり、また必ずしもすべて保護廃止にしなくても、部分的

図表３-３-３　生活扶助基準額と一般世帯における消費支出額との比較

	被保護世帯			一般世帯			格差 (A)/(B)
	世帯人員	標準世帯基準額（1世帯あたり）	標準世帯基準額(A)（1人あたり）	世帯人員	消費支出額（1世帯あたり）	消費支出額(B)（1人あたり）	
	人	円	円	人	円	円	%
昭和30年(度)	5	8,000	1,600	4.84	23,211	4,796	33.4
昭和40年(度)	4	18,204	4,551	4.26	48,396	11,361	40.1
昭和50年(度)	4	74,952	18,738	3.89	157,982	40,612	46.1
昭和60年(度)	4	157,396	39,349	3.71	273,114	73,616	53.5
平成７年(度)	3	157,274	52,425	3.42	329,062	96,217	54.5
平成17年(度)	3	162,170	54,057	3.15	300,903	95,525	56.6

注１：標準世帯基準額は生活扶助基準であり，住宅扶助，教育扶助等を含まない。
２：標準世帯基準額は当該年度における月額であり，消費支出額は当該年の平均月額である。
３：標準世帯基準額は１級地の額（平成７年度，17年度は１級地－１）であり，消費支出額は全国平均（昭和30年は全都市平均）の額である。
４：被保護世帯の標準世帯は，以下の通りである。
昭和30年度：64歳男・35歳女・９歳男・５歳女・１歳男
昭和40～60年度：35歳男・30歳女・９歳男・４歳女
昭和７～17年度：33歳男・29歳女・４歳子
５：一般世帯は２人以上の全世帯である。
資料：家計調査（総務省）。

に保護を受けて地域で生活していくことは今後の行政対応いかんで十分可能である。これも生活保護の経済効果の一つであり、労働力保全効果につながる労働力活用機能であるのではないか。生活保護の在り方も、イギリスの旧労働党政権（ブレア政権）での「福祉から就労へ」（Welfare to Work）のように、ソーシャルワーク機能を高めて、そうした自立支援の方向での抜本的改善が望まれる。

以上のようにみてくると生活保護費を社会保障のコスト面からのみ捉え、その抑制を行えばよいとは必ずしもいえない。否、むしろ自立助長をかえって阻害し、貧困の再生産を拡大する恐れがあるとさえいえる。

ちなみに次のような駒村康平氏による保護行政への鋭い批判的な指摘もある。「過大な給付制限は、生活保護制度を使いにくくし、そしてひとたび利用すると生活保護制度から脱出できないようにしてしまう。長期的には、自立助長や社会参加を阻害し、貧困の罠を大きくする可能性が高い[6]」。

最近、マスコミ等の論調で生活保護の水準が一般の指定所得世帯と比べて高すぎるという批判などにもあるとはいえ、戦後社会保障の上で生活保護基準は確かに保護基準の度重なる改訂で第Ⅰ期〜第Ⅱ期と改善されてきたものの、第Ⅲ期（一九八五〜二〇〇四年）においては生活扶助費を一般世帯の消費支出と比べると、被保護世帯（標準三人世帯）は同額十六万二千円と必ずしも高くなく、一般世帯のそれの五〜六割の水準を保っており、国民意識からもほぼ妥当なものとなっているといえる（図表3-3-3）。

もちろん生活保護を下回る低所得者の存在や低年金者との不公平感の解消などが政策課題となっているものの、生活保護という公的扶助の重要な役割そのものは否定してはならないのではないか。むしろ、その役割を例えば福祉事務所の最近の「自立支援プログラム」などのように被保護者の自立助長に向けて前向きに発揮させ、その一方で最低賃金を引き上げることなどの積極的な労働市場政策が必要なのである[7]。

いずれにしても近年の国家財政の厳しい事情から社会保障全般の歳出の見直しが避けられず、生活保護についても母子加算や医療扶助などの見直しを含めて二十一世紀の今日的視点から新たな構造的改革が求められていることも確かである[8]。

注

（1）京極髙宣（二〇〇五）「生活保護制度の将来像（覚之書）その1——三位一体改革の協議会の検討を踏まえて」『厚生福祉』二〇〇五年十二月十三日号（京極髙宣（二〇〇六a）『生活保護改革の視点』全国社会福祉

協議会、第二部第四章所収）

（2）この時期区分は、社会保障と日本経済との関係を分析する枠組みとして、京極髙宣（二〇〇六b）「社会保障は日本経済の足を引っぱっているか①」『厚生福祉』二〇〇六年四月四日号、時事通信社、において初めて問題提起したものである。したがって生活保護の制度史については別途の時期区分は当然ながらあることを否定するつもりはない。

（3）一九五〇年代半ばの第一次適正化については、医療と生活保護（医療扶助）との関係をめぐって、以下の先行研究がある。黒木利克（一九五四）『生活保護――最近の二大攻撃とその分析』中央法規出版、および武智秀之（一九九六）『行政過程の制度分析――戦後日本における福祉政策の展開』中央大学出版部、等参照。

（4）一九六〇年代に保護率が低下した原因については、副田義也（一九九五）『生活保護制度の社会史』東京大学出版会、二〇〇五～二一〇頁を参照。また稼働能力者対策の強化が一因する社会福祉研究者も少なくない。例えば、白沢久一（一九七〇）「1960年代生活保護行政の稼働能力対策――『生活保護実施要領20年の歩み』によせて」（『社会福祉研究』第七号、六四～七〇頁）および同（一九七四）「1960年代の生活保護行政における自立助長対策――不完全就労者対策中心に」小川政亮編著『扶助と福祉』至誠堂、二二一～二六〇頁、参照。

（5）例えば、鈴木亘（二〇〇五）「地域経済波及効果に着目した生活保護費の評価について」（社会政策学会誌『少子化・家族・社会政策』第一四号、法律文化社所収）を参照。

（6）駒村康平（二〇〇四）「低所得世帯のリスクと最低所得」橘木俊昭編『リスク社会を生きる』岩波書店所収、一一四頁。

（7）この最後の段落のこの部分は京極髙宣（二〇〇七）『社会保障と日本経済――「社会市場」の理論と実証』慶応義塾出版会、八五頁により原案を修正している。

（8）以上については、本書では時間的事情から十分に参考にできなかったが、今日的視点からの生活保護の経済分析に関しては、阿部彩他（二〇〇八）『生活保護の経済分析』東京大学出版会を参照。

参考文献

黒木利克（一九五四）『生活保護――最近の二大攻撃とその分析』中央法規出版。

武智秀之（一九五六）『行政過程の制度分析――戦後日本における福祉政策の展開』中央大学出版部。

白沢久一（一九七〇）「一九六〇年代生活保護行政の稼働能力対策――『生活保護実施要領二〇年の歩み』によせて」『社会福祉研究』第七号。

白沢久一（一九七四）「一九六〇年代の生活保護行政における自立助長対策――不完全就労者対策中心に」小川政亮編著『扶助と福祉』至誠堂。

副田義也（一九九五）『生活保護制度の社会史』東京大学出版会。

駒村康平（二〇〇四）「低所得世帯のリスクと最低所得」橘木俊昭編『リスク社会を生きる』岩波書店。

鈴木亘（二〇〇五）「地域経済波及効果に着目した生活保護費の評価について」社会政策学会誌『少子化・家族・社会政策』第一四号、法律文化社。

京極髙宣（二〇〇六a）『生活保護改革の視点』全国社会福祉協議会。

京極髙宣（二〇〇六b）「社会保障は日本経済の足を引っぱっているか①」『厚生福祉』二〇〇六年四月四日号。

京極髙宣（二〇〇七）『社会保障と日本経済――「社会市場」の理論と実証』慶応義塾出版会。

阿部彩・国枝繁樹・鈴木亘・村正義（二〇〇八）『生活保護の経済分析』東京大学出版会。

第二部　三位一体改革と生活保護の見直し

第四章　三位一体協議会の検討(1)

第一節　政治決着の内容

周知のとおり二〇〇二年の政府の骨太方針による三位一体改革の政治決着（二〇〇五年十一月三十日政府・与党合意）は超スピードで決まった。超スピードというのは、例えば厚生労働省関係の補助金削減に関連して二〇〇五年四月に発足した「生活保護費及び児童扶養手当に関する関係者協議会」（以下、「関係者協議会」）（図表4-1-1）が合計九回の検討を行ったが、政策的な結論は出せず、十一月二十五日に検討打ち切りになって、わずか五日間で政府・与党合意が得られたからである。関係協議会の議論の最大の焦点は生活保護の国と地方の負担割合をどうするのかであり、国（特に厚生労働省）は国の負担割合を現行生活扶助の四分の三から下げる方向の主張を行い、逆に地方（知事会および市長会）は国の責任を追及して現状維持を求め、他の社会保障分野で国の負担率を引き下げたり、あるいは国の負担そのものをなくし地方分権化を徹底させるという主張をして、真正面から議論が衝突した。(2)私も上記関係者協議会の学識経験委員（図表4-1-1）の一人として生活保護等の在り方をめぐる議論に参加した経験からも、専門家による政策科学的な検討と、政治家による政治的な検討との違いをまざまざと見せつけられた実感を持っている。

ともあれ、政府・与党合意の前提となった厚生労働省関連の財政移譲を伴う補助金削減は、関係閣僚（内閣官房長官・総務大臣・財務大臣・厚生労働大臣・経済財政政策担当大臣）の確認書（二〇〇五年十一月二十九日）および政府与党の「三位一体の改革について」（同十一月三十日）によれば以下のようである[3]（巻末資料参照）。

まず第一には激しい議論を呼んだ生活保護費の国負担四分の三は現行のまま変わらず、生活保護の適正化について次の点（前記確認書による）を確認した。

「生活保護の適正化について、国は、関係者協議会において地方から提案があり、両者が一致した適正化方策について速やかに実施するとともに、地方は生活保護の適正化について真摯に取り組む。その上で、適正化の効果が上がらない場合には、国と地方は必要な改革について早急に検討し、実施する」。

この確認により、生活保護制度の国と地方の役割分担と費用負担の改革課題は三～四年先延ばしになったように思われる。ちなみに生活保護制度の抜本的見直しは社会保障審議会

図表4-1-1　生活保護費及び児童扶養手当に関する関係協議会構成員（二〇〇五年十一月現在）

氏名	役職
谷本正憲	石川県知事
岡崎誠也	高知市長
竹中平蔵	総務大臣
谷垣禎一	財務大臣
川崎二郎	厚生労働大臣
木村陽子	地方財政審議会委員
京極髙宣	国立社会保障・人口問題研究所所長

のみならず、内閣の経済財政諮問会議などで、福祉事務所や審査の在り方を含めて検討しなければならないだろう。

第二は、児童扶養手当と児童手当の国負担を義務教育費と同様におのおの三分の一に減額することになったことである。すなわち、児童扶養手当は国負担四分の三を三分の一に、児童手当は国負担三分の二を三分の一にしたことである。これは厚生労働相（川崎二郎大臣）等の英断によると推察されるが、私の持論によれば、両手当の由来や役割からみても児童の保護者の生活費を補完するもので、生活保護の淵源や機能とは異なるものであることからしてやむを得ない結論（否、むしろ当然ともいえる結果）のように思われる。もちろん、財源移譲は伴うとしても地方側もその分負担が増えるので、若干の不満が残るかもしれないが、地方による母子家庭等への支援のほか、施策の行政努力が十分に期待されるだけに、まあ順当な結果となったのではないかと思っている。

第三は、施設整備費と、それと一体の措置として、施設整備費（五百億円）、施設介護給付費（千三百億円、国負担二五％→二〇％、都道府県負担一二・五％→一七・五％）が決定された。なお、その他にごくわずかだが、経常補助金（百九億円）の削減がある。

いずれにしても、二〇〇六年度までに厚生労働省の補助金削減を、合計五千二百九十二億円（実質的には内閣の厚生労働省割当目標五千四十億円に相当）を政府としては無事に達成したわけであり、当時の小泉内閣としては当初の目的は一応は果たされた。こうした政治決着そのものについては、私としては基本的に異論はない。しかし関係者協議会に参加し、またその共同作業に加わり、生活保護制度の在り方をめぐってさまざまな政策的議論を積み重ねてきた一人の学識経験者としては若干の不満も残る。

例えば、政治決着の以前に議論された論点、すなわち今後における生活保護制度の抜本的見直しに役立つ若干の論点はきちんと総括しておく必要性があるのではないだろうか。そこで、地方分権化との関連で国と地方の役割分担に関して私なりに考察したいくつかの論点を以下明らかにしておきたい。

第二節　保護率上昇における行政責任と社会的諸要因

近年における生活保護率は経済不況や失業率上昇の影響を受け上昇傾向にあって、国と地方が協力して生活保護の適正化を図るにしても、保護率上昇の社会的諸要因を明らかにする必要があることは当然である。しかし関係者協議会や共同作業でも、保護率上昇に関わる社会的諸要因をめぐって激しい論争が交わされたことは忘れてはならない。すなわち、地方側と総務省は、保護率は失業率、高齢化、離婚率等の客観的要因によってのみ影響を受け、福祉事務所の現業員充足などの主体的要因はほとんど無関係とした。したがって、総務省と地方六団体は、厚生労働省のように福祉事務所を担っている地方の行政責任を追及し、国の補助金を減らして地方へ負担転化する動きは誤りであり、断固反対という立場をとった。結果的には、政府・与党の政治決着も一応それをのんだ形になったことは既に述べたとおりである。

しかし、地方側のこうした議論が、最終的結論の是非は置くとしても、政策科学的に正しかったかどうかといえば、必ずしもそうではないように私は今でも考えている。というのは、生活保護行政における国と地方の責任関係は保護率上昇の社会的諸要因とダイレクトに結び付けられず、異なる次元の議論、すなわち生活保護行政における国の責任か地方の責任かという議論と、保護率上昇の客観的要因か主体的要因

図表4-2-1　生活保護率上昇の要因構造（概念図）

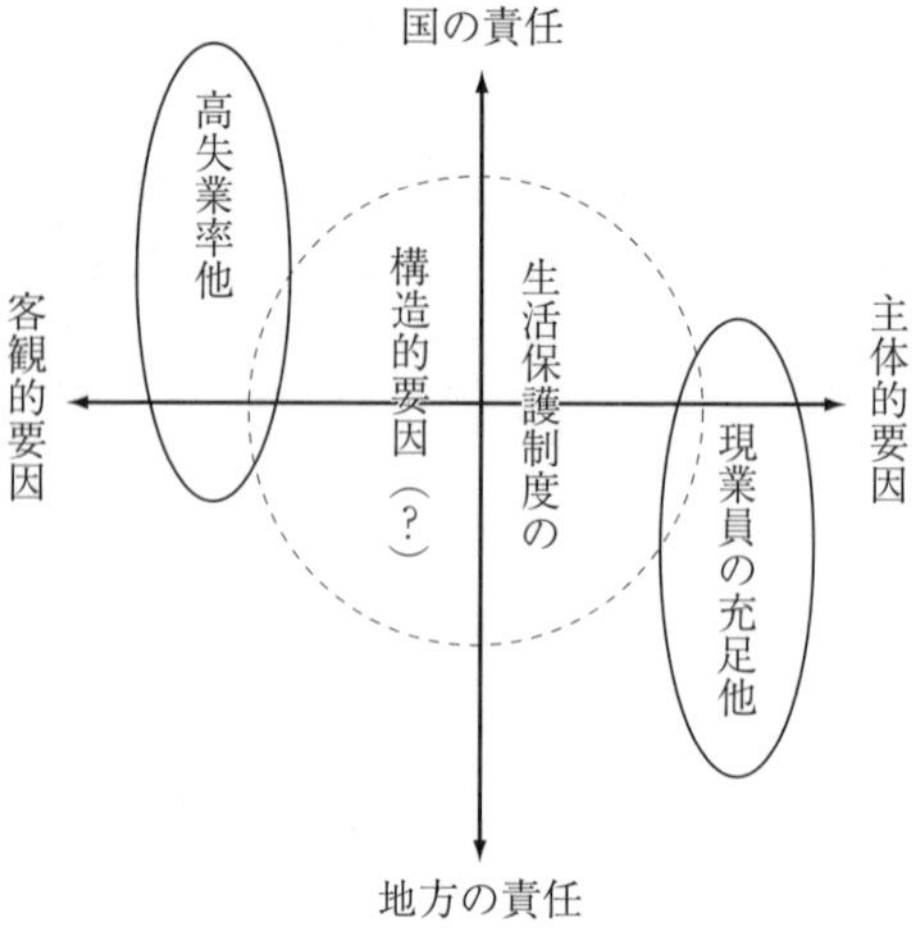

かという議論を混同することになるからである。

図表4-2-1は、これら二つの相対立する議論をマトリックスで整理したものであるが、例えば高い失業率という保護率を引き上げる客観的要因は確かに国の景気浮揚策や失業対策などによって改善できる余地は少なくないものの、これも一方で資本主義経済の景気循環や産業循環からくる客観的必然性もあり、すべて国の行政責任に帰すことはできないからである。

他方で地方、特に広域行政である都道府県の行政責任が全くないかといえば、そうではないのである。例えば、いくつかの産業振興策や失業対策等で失業率の上昇を抑制している県（神奈川県・茨城県・兵庫県など）もあり、そこに地方行政の努力の跡がうかがわれるからである。

また現業員充足率等の主体的要因に関しても、確かに地方分権化の流れにより生活保護が国の機関委任事務から法定受託事務に変わったことを反映して、現業員を国の標準に照らしてどれくらい確保するのかは機関委任事務の法定基準と異なり、地方の裁量がそれなりに大きい。したがって主体的要因も決して軽視できないはずである。がそれにしても、これもすべて地方の行政責任にすることはできないのであり、いいかえれば地方の努力だけでなく、国の生活保護制度運営に関する最終責任も避けて通るわけにはいかないのではないことは当然である。

図表４－２－１はそのあたりを概念図にして表したものである。ここでさらに重要な点を私なりに指摘しておきたいことは、一方で客観的要因か主体的要因かは問わず、他方で国の責任か地方の責任かは問わず、地方側のいう「生活保護制度の形骸化」など現行の生活保護制度に内在する何らかの構造的要因が潜んでいないかという問題提起である。

本書では、その構造的要因を解明することを目的としていないので詳細な議論は差し控えるが、構造的要因の存在を全く否定して、国と地方の責任分担論を喧喧諤諤《けんけんがくがく》と議論しても仕方ないような気もする。今回の関係者協議会でも、ごく少数の構成員からそうした発言があったものの、以下のように全体として地方側の声が関係者協議会の初期の段階から一貫して大きかったことは否めない。

例えば石川県知事は「生活保護費及び児童扶養手当に関する問題提起」（二〇〇五年五月二十七日第二回関係者協議会資料）で次のように述べている。

「生活保護率の地域間格差は実務機関の取り組みの違いによるものではなく、地域ごとの失業率や高齢化・核家族化、単身化の進展状況の違い、都市部での生活困窮者の増加などによるものと考えられる(4)」と述べ、知事会代表として生活保護の国負担率を変更する動きに真っ向から反論している。

また高知市長も「生活保護制度及び児童扶養手当制度について」（二〇〇五年五月二十七日第二回関係者協議会資料）で、県サイドよりさらにキメ細かく分析し、次のように指摘している。

保護率の上昇については「保護率は平成七年以降上昇しているが、それは企業の倒産、リストラ・失業者・ホームレスの増加等の〝経済的要因〟と単身高齢者世帯、離婚等による母子世帯、長期入院患者の増加等の〝社会的要因〟によるものと認識している(5)」と述べ、また保護率の地域間格差についても「特定医療機関、ホームレス受け入れ施設等の偏在により、生活保護対象者が当該地域に大量に流入しているという特殊事情がある。また、旧産炭地域といった歴史的な事情、周辺地域と比べて生活保護基準が高いところについては、被保護者が都市の利便性を求めて当該地域に移動し、保護率が上昇しているという事情がある」(6)との具体的な指摘もしている。

いずれにしても、こうした地方側の意見は一貫して、現業員の充足や調査作業の有無などといった福祉事務所の主体的要因はほとんど関係ないとして、もっぱら客観的要因が保護率上昇の要因であり強い相関があること、したがって、国が責任をとるべきだという姿勢をとっており、最終回（第九回）に至るまでその態度は不変であった。これは生活保護における国と地方の関係を現状維持の状況のままにしなければならないという主張を正当化するためにする議論といえなくもない。

いずれにしても個人的意見では、私は日ごろから両氏の行政能力を高く評価している者の一人であり、生活保護行政の第一線で頑張っておられる都道府県や市区の立場は十分に理解しているつもりである。が、上にみた両氏の発言に共感するところは大きいものの、極めて大きな不満が残る。地方側の見解にしても、生活保護行政における国と地方の役割について何ら見直しの必要がないとは思っていないからであるならば、もう少し議論を掘り下げてしかるべきだったのではないだろうか。

次節以降に詳しく述べるように、例えば本来広域行政を担うべき都道府県の生活保護行政は現状では町村部だけで、市町村合併で町村部がどんどん減少していく状況下では、生活保護費総額の二割程度しか対応しておらず、もっぱら市区が八割ほど対応していることを問題視しなくてはならないからである。二十一世紀において生活保護制度を大幅に改革して、国と都道府県と市区が重層的に、生活保護の実施を人的財政的に支える必要性があるのではないだろうか。まして将来、道州制が実現したら、国と道州と市町村の関係で生活保護における道州の役割は現在の都道府県以上に決定的に強められねばならないはずだからである。

第三節　社会的諸要因の共通認識

いずれにしても、関係者協議会の共通認識はあくまで「共同作業における議論の中間まとめ」（二〇〇〇五年九月十七日）で確認された次の点で、それ以上でもそれ以下でもないことはここで改めて明らかにしておきたい。

まず失業率等の経済・雇用情勢、高齢化等の社会的要因の影響について、「（1）保護率と、失業率や高齢化、離婚率等の相関は高く、経済、雇用情勢や社会的要因は保護率、保護費の上昇や保護率の地域間格差に極めて大きな影響を及ぼしている」[7]としている。

また地方自治体における保護の実施体制や取り組み状況等については、「地方自治体における保護の実施体制や実施状況には地域間で較差があり、これらの指標と保護の動向の間の相関のあるデータ等も見受けられるが、相関のないデータもある」[8]としている。例えば、保護率と現業員充足率との相関では、いわゆるリニアーの相関係数は必ずしも高くないが、冪《べき》数の相関（r＝－0.71）はそれなりに高く、現業員充足率が一〇〇％を超えると急速に保護率が低下していることが分かる（図表4-3-1）。

なお相関のあるデータは厚労省側が提出し、相関がないとするデータは地方側ないし総務省が提出して

図表 4-3-1　保護率と現業員充足率との相関（都道府県別）

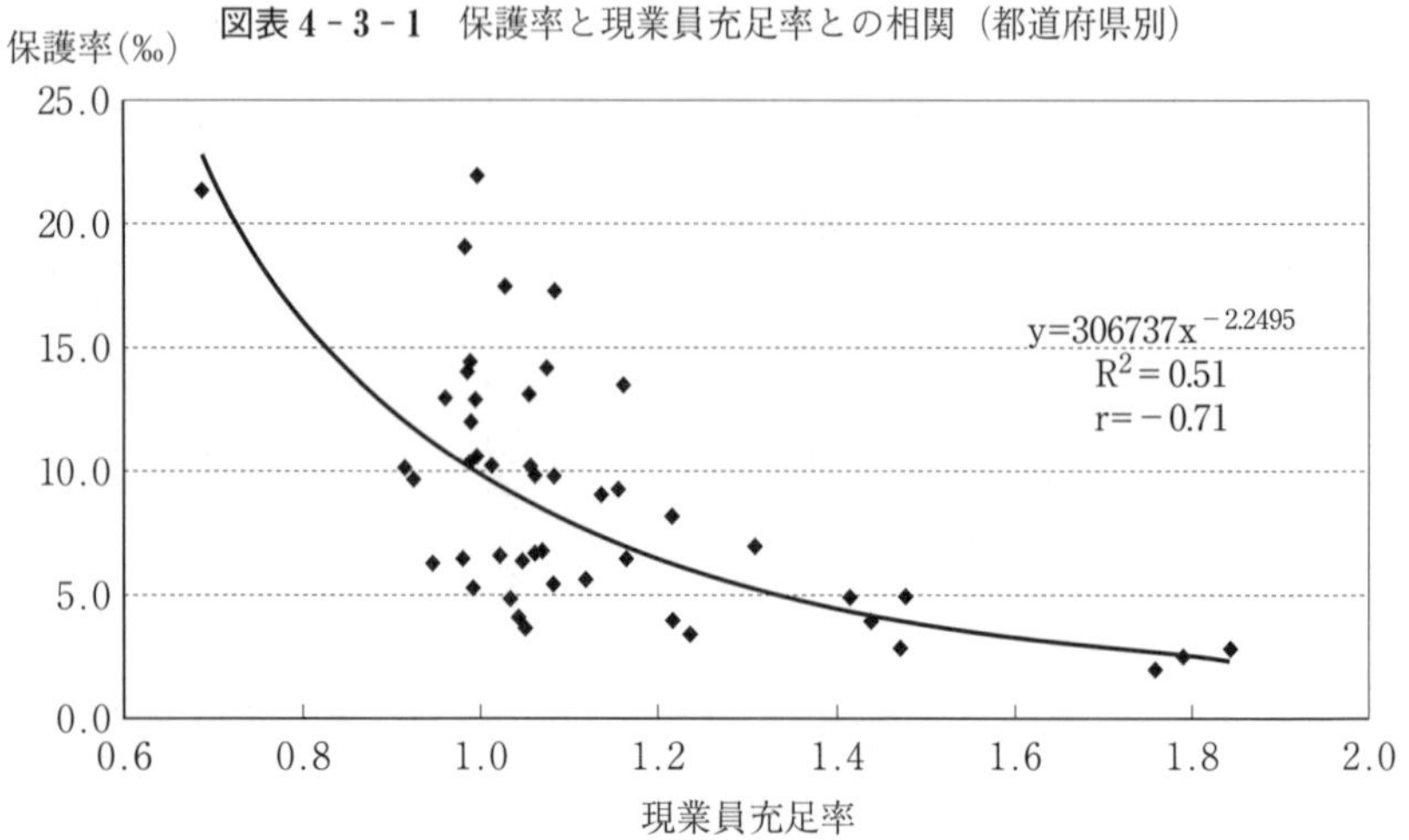

注：保護率等は福祉事務所別，三宅福祉事務所を除く。
資料：福祉行政報告例，監査資料。
出典：生活保護費及び児童扶養手当に関する関係者協議会第3回共同部会資料（平成17年9月8日）。

おり、そのため両者は全く両論併記のごとき記述になっている。

さらに保護の実施体制や取り組み状況等について次のような重要な指摘もあることを忘れてはならない。

「（2）保護の適正化や就労自立支援、高齢被保護者や傷病、障害被保護者が入院せず、在宅や施設で暮らせるようにするための支援等に組織的に取り組むことは重要であり、これにより保護率低下や保護費削減に一定の成果を上げている自治体がある[9]」。

ここでは生活保護の適正化で主体的要因も無視できないことにふれられている。ただし、続いて「全国平均的には高齢者世帯や傷病・障害者世帯が八割を超えている現状においては、就労自立支援が保護率を低下させる効果は限定的であると考えられる[10]」との指摘もあり、一概に主体的要因のみ強調することは避けられている。ただ言葉尻をとらえるきらいも認識した上で、私もあえて述べれば「限定的である」という表現は、文字どおり「事例の範囲や数量などを限り定めること」（『広辞苑』）で、無関係だとか影響がないことを必ずしも意味しないのである。ハローワークが国の直轄機関であり、地方行政とほとんど全く結び付いていない現状の体制では、「就労自立支援が保護率を低下させる効果は限定的である」ということはいうまでもないからである[11]。

以上みたように、今回の関係者協議会では、地方側の主張が全面的に採用されたようにみられているが、実際には、生活保護費の国の負担率を変えさせないという点で地方側の意見が政府・与党に採用されたものの、保護の実施体制や取り組み状況等を十分に分析して、国と地方のあるべき財政的負担関係においては、いわば審議未了といえる。将来においてもう少し徹底した政策科学的な議論が必要という点では、厚生労働省側の意見もある意味で通った形になっているのではないかと私は考えている。仮に将来、現行の都道府県制が道州制に改められるとしたら、欧米諸国の州（ステイト State ないしラント Land など）が公的扶助を所管しているのと同様になり[12]、道州の人口的扶助に関する行政責任は一段と強化されるようになろう。もし地方六団体の意見が実現されれば、わが国だけは国民にとって最も基礎的な社会保障である生活保護行政を国と市町村に任せ、道州は無関与という、国際的にも常識に反する不条理な対応となるが、そのあたりの政策的議論の整理も依然として残されている。

注

（1）京極髙宣（二〇〇六）『生活保護改革の視点』全国社会福祉協議会、第二部第四章を基に加筆修正。

（2）私はあくまで学識経験者の立場であるが、厚生労働省サイドの意見であったが、厚生労働大臣は司会役で、いわば意見を聴く側であったので、地方サイドの意見をとる木村陽子氏と知事会代表と市長会代表と総務省との四者と私一人で渡り合いを行った次第である。

(3) 平成十七年十一月三十日政府・与党「三位一体改革について」および平成十七年十二月一日厚生労働大臣・全国知事会長・全国市長会会長・内閣官房長官「確認書」。(詳しくは、巻末資料参照) 三位一体改革の厚生労働省への厳しめな批判的総括については、西尾勝 (二〇〇七)『地方分権改革』東京大学出版会、第Ⅳ章の5及び6を参照。

(4) 生活保護費及び児童扶養手当に関する関係者協議会 (二〇〇五)「第2回生活保護と児童扶養手当に関する関係者協議会資料」二〇〇五年五月二十七日。

(5) 同前。

(6) 同前。

(7) 生活保護と児童扶養手当に関する関係者協議会共同作業チーム (二〇〇五)「共同作業における議論の中間まとめ」二〇〇五年九月十七日。

(8) 同前。

(9) 同前。

(10) 同前。

(11) 三位一体改革との関係で生活保護の見直しがされたおかげで、その後はハローワークと福祉事務所の連携が図られるようになっており、また社会福祉士の養成においても、就労支援が位置づけられるようになってきつつある。

(12) 本書の図表7-1-2を参照。

参考文献

生活保護費及び児童扶養手当に関する関係者協議会（二〇〇五）「第2回生活保護費及び児童扶養手当に関する関係者協議会資料」二〇〇五年五月二十七日。

生活保護費及び児童扶養手当に関する関係者協議会共同作業チーム（二〇〇五）「共同作業における議論の中間まとめ」二〇〇五年九月十七日。

政府・与党（二〇〇五）「三位一体改革について」平成十七年十二月一日。

厚生労働大臣・全国知事会長・全国市長会会長・内閣官房長官（二〇〇五）「確認書」平成十七年十二月一日。

京極高宣（二〇〇六）『生活保護改革の視点』全国社会福祉協議会。

西尾勝（二〇〇七）『地方分権改革』東京大学出版会。

第五章　生活保護事務の国と地方の役割分担(1)

第一節　生活保護事務における国と地方の関係

前章で既にみたように、平成十七（二〇〇五）年十一月三十日に政府・与党で政治決着をみた社会保障に関する三位一体改革は、先般の「生活保護費及び児童扶養手当に関する関係者協議会」のテーマのとおり、生活保護費と児童扶養手当の見直しが中心課題であった。特に財政負担をめぐる国と地方の関係が最大の論点であったが、印象的であったのは国と地方の間で、また厚生労働省と総務省の間でいわゆる法定受託事務の理解にかなり相違点があったことである。

平成十一（一九九九）年の地方分権一括法までは、かつて生活保護制度など機関委任事務の廃止のときには、一方で地方分権化を協力に推進しようとする地方自治体と旧自治省（現総務省）は「廃止」を主張し、他方で生活保護などのような国の責務を強調する旧厚生省（現厚生労働省）が「存続」を主張し、いわば両論併行になり、結果的には生活保護などは機関委任事務ではなく法定受託事務となり、他の団体委任事務等は自治事務となったことは周知のとおりである。

しかし奇妙なことに、今般は、攻守ところを替え、一方で地方側が生活保護などについて、あたかも機関委任事務のように法定受託事務としての国の責任のみを追及し、他方で国側（厚労省）が財政負担に関し国の責任とともに、地方の協力を求めること（原案＝保護費全体の国の負担率二分の一案、修正案＝医療扶助の国負担率三分の二案）となったわけである。武智秀之氏によれば、第一に生活保護法改正期（昭和二十五年頃）には、旧地方自治庁は都道府県知事を生活保護の実施期間とする案を支援していたこと、第二に旧厚生省は国の出先機関を実施機関とすることを理想としつつも、さしあたりは従来どおり市町村長を実施機関とし、指揮監督、事務監査を行うことにしたことが指摘されている。また福祉事務所成立期（昭和二十六年頃）には、第一に旧厚生省は町村から都道府県に実施責任を移すことを弱小町村の財政に配慮して、提案したこと、第二に旧地方自治庁はその案に疑問を呈したこと（いいかえれば福祉事務所が町村から独立した存在になることを恐れたこと）が主張され、結果的には大部分の町村における保護責任を都道府県が担うことになった。以上、みたように生活保護における機関委任事務とは、都道府県でできるだけ多くの事務を一元的、総合的に処理したいとする地方自治庁と、出先機関で専門的に処理したい旧厚生省との妥協の産物として生まれたといえる。[2]

関係者協議会においては、上にみた国の負担率を若干下げる厚労省試案が出される以前から法定受託事務への国の責任放棄と地方への「負担転嫁」という、次にみる地方側の反論には確かに激しいものがあった（ただし私見では財政移譲を伴う負担変化は転嫁という言葉にはなじまないと思われる）。

例えば知事会代表の石川県知事は、第一回（二〇〇五年四月二十日）に既に次のように述べている。

「（生活保護や児童扶養手当にかかわる事務は）具体的には、全国の単一の制度、全国一律の基準により行う給付金の支給に関する事務ということになるわけであります。さらに敷延《ふえん》すれば、生存にかかわるナショナル・ミニマムを確保する事務ということになるわけです。そういった意味では、全国一律に公平・平等に行う給付金等に関する事務という位置付けがなされ、その後、平成十一年七月に地方分権一括法が国会で成立したわけであります。従いまして、法定受託事務という形で、法律上もオーソライズされたということでございます。こうした経緯を考えてみますと、突き詰めていえば、経費負担も国が一〇〇％でいいのではないかという思いがしております。要するに、国が責任を持って制度設計を行う。そして、事務処理に必要な処理基準も国が責任を持って、きめ細かく定めるということであります[3]」（第一回関係者協議会議事録）。

ここには、一〇〇％の国負担というやや勇み足的発言を除けば、地方側の法定受託事務に関する考え方がよく集約されているが、さらに第二回関係者協議会（五月二十七日）では上記の要約として「生活保護費及び児童扶養手当に関する問題提起」で端的に次のように表現されている。

「（国と地方の役割分担について）両制度が法定受託事務であることを前提に、制度設計から制度運用の各段階における国と地方の役割分担について再認識すべき」として、「両制度は全国単一の制度又は全国一律の基準により行う給付金の支給に関する事務であり、第一号法定受託事務として国が責任を持って制度設計を行うとともに、適正な事務処理に必要な処理基準等をきめ細かく定めるべきもの。ただし、地方分権の観点からは、制度設計等の過程において地方の意見を取り入れる仕組みを確保することが必要[4]」（第二回関係者協議会資料）。

この主張は、かつて自治官僚であった人の発言として、きわめて理路整然としているようであるが、法定受託事務の法的解釈に関しては疑義もあるところが見受けられるので、以下詳しく述べてみよう。

第二節　法定受託事務と国の財政負担

まず今般の三位一体改革は、国と地方の財政負担の在り方を見直すものであり、将来の行財政改革も視野に入れつつ現行の行財政そのもの、特に地方自治法および地方財政法における原則がどうなっているかは、政策的議論の大前提として再確認しておく必要はある。

地方側は生活保護が法定受託事務だから国の財政責任も重く、その負担率は場合によっては一〇〇％でもよく、地方は負担しないか少なく負担すればよいとしているが、こうした解釈は結論的には誤ったもの、いわば「ためにする解釈」であると私は考えている。すなわち現行の地方自治法および地方財政法上において、生活保護のような事務が、国が責任を持って行う法定事務であっても、そのすべてを国が直接執行することは意味せず、また事務の性格が法定受託事務か自治事務であるか否かということと、国の財政負担制度とは直接的にリンクしていないからである。例えば、戸籍法に基づき、戸籍事務は法定受託事業だが、費用は全額、市町村負担となっている。費用負担は、現行法制によったとしても個々の事務の目的や性格に照らし、国と地方がどのように事務の分担を行うことが合理的か、また事務の同化や定着の度合をベースに、国と地方の全体的財政配分を踏まえて、政策的に判断されるべきではなかろうか[5]。

というのも、第一に、国と地方の費用負担の原則を定める地方財政法において、費用負担に関しては

「地方公共団体が行う事務については地方公共団体が全額負担する」（第九条）とあり、「地方公共団体が処理する権限を有しない事務については国が全額負担」（第十二条）するというのが大原則である。

そして、この原則の例外が第十条から第十条の四に規定されており、このうち特に生活保護や児童扶養手当のような厚生労働省関係の事務事業で重要なのが第十条の規定である（なお社会福祉施設の建設経費については、第十条の二が関係する）。

地方財政法第十条の柱書は、「地方公共団体が法令に基づいて実施しなければならない事務であって、国と地方公共団体相互の利害に関係がある事務のうち、その円滑な運営を期するためには、なお国が進んで経費を負担する必要がある次に挙げるものについては、国が、その経費の全部または一部を負担する」と規定し、生活保護に要する経費などを限定列挙している。

ちなみに、この国の負担要件に関しては次の三つがある。

《要件①》地方公共団体が法令に基づいて実施しなければならない事務であること。ただし、法定受託事務であるか自治事務であるかは問わないことに注意を払いたい。

《要件②》国と地方公共団体相互の利害に関係がある事務であること。

《要件③》その円滑な運営を期するためには、なお国が進んで経費を負担する必要があること。

なお、その趣旨（いわゆる同化定着説）は、当該事務が実施後日が浅く、地方公共団体の事務として同化するに至っていないなどの理由により、その円滑な運営を期するためには、なお国が進んで経費を負担する必要があるからとされている。(6)

生活保護も児童扶養手当も上記の要件③に当てはまらないものの、要件①や要件②には当てはまると思われる。

また、第二に地方自治法において、平成十一年の地方分権一括法による改正により新たに設けられた「地方公共団体の役割と制度策定等の原則」（第一条の二）が規定されており、主たる生活保護事務などについては第一号の法定受託事務とされている。

ちなみに法定受託事務は次のように第一号と第二号に分かれている。

「一　法律又はこれに基づく政令により都道府県、市町村又は特別区が処理することとされる事務のうち、国が本来果たすべき役割に係るものであつて、国においてその適正な処理を特に確保する必要があるものとして法律又はこれに基づく政令に特に定めるもの（以下「第一号法定受託事務」という。）

二　法律又はこれに基づく政令により市町村又は特別区が処理することとされる事務のうち、都道府県が本来果たすべき役割に係るものであつて、都道府県においてその適正な処理を特に確保する必要があるものとして法律又はこれに基づく政令に特に定めるもの（以下「第二号法定受託事務」という。）」

（地方自治法第二条第九項）。

なお第一条の二の第一項は「地方公共団体は、住民の福祉の増進を図ることを基本として、地域における行政を自主的かつ総合的に実施する役割を広く担うものとする」と規定しており、第二項では「国は、前項の規定の趣旨を達成するため、国においては国際社会における国家としての存立にかかわる事務、全国的に統一して定めることが望ましい国民の諸活動若しくは地方自治に関する基本的準則に関する事務又は全国的な規模で若しくは全国的な視点に立って行わなければならない施策及び事業の実施その他の国が本来果たすべき役割を重点的に担い、住民に身近な行政はできる限り地方公共団体にゆだねることを基本として、地方公共団体との間で適切に役割を分担する」（傍点は引用者）と規定している。

この規定によれば、生活保護事務は明らかに傍点の部分に関係する。

もちろん、国が本来果たすべき役割について国が責任を持って担うべきであっても、地方自治法の権威ある解説書によれば「その役割に係る事務のすべてを国が自ら直接行うべき事までを意味するものではない」[7]。

また、法定受託事務については「各個別法が根拠となるものであるが、本法及び本法施行令の別表が確認的な意味を持つもの」[8]としており、法定受託事務と自治事務との差は「相対的なものである」[9]とされている。いわゆる生活保護事務については、既にみたごとく第一号法定受託事務としているが、被保護者の自立助長のための相談、助言等の援助に関する事務は自治事務としていることも看過してはならないだろう。

さらに具体的にみれば地方分権推進計画における第一号法定受託事務のメルクマールに関係する部分は（二）全国単一の制度又は全国一律の基準により行う給付金支給等に関する事務のことで、次の三つである。

①生存に関わるナショナル・ミニマムを確保するため、全国一律に公平・平等に行う給付金の支給等に関する業務

②全国単一の制度として、国が拠出を求め運営する保険及び給付金の支給等に関する事務

③国が行う国家保障給付業に関する事務

生活保護の主な事務は上記①に相当することは、いうまでもない。しかし、だからといって国の行政責

任のみを強調して、国の財政負担の割合を高くすべきという根拠には必ずしもならないのである。もちろん私も生活保護は児童扶養手当のように母子家庭の生活支援の一部をなすものと異なり、国民生活のナショナル・ミニマム確保で国の責任が極めて重要で、国家財政が苦しいから一律に国の負担率を低く下げろと主張するわけでは決してないが、既に紹介したように法定受託事務には、例えば財政負担については地方が一〇〇％負担である戸籍事務などが含まれていることも念のため指摘しておきたい。

第三節　生存権と生活保護の関係

今回の関係者協議会では、生活保護と憲法第二十五条の生存権との関係などについても、それなりの議論があった。地方側、特に福祉事務所のケースワーカーの経験を持つ市長会代表の高知市長の鋭い発言は傾聴に値するものがあったといえる。が、それにしても生活保護に関して「憲法第二十五条（生存権）→国の責任（法定受託事務）→国の高率負担（四分の三）」という地方側の論理は、既にみた法制上の誤解があり、二十一世紀の今日において再検討の余地があるように思われる。

ちなみに第二回協議会の高知市長のメモ「生活保護制度及び児童扶養手当制度について」によると、次のような基本的考え方がある。

すなわち生活保護制度の基本的な考え方として、

「（一）生活保護制度は〝憲法第二十五条〟及び〝生活保護法第一条〟に基づき国の責務であり、格差無く国による統一的な措置が講じられるべきものである。

(二)　生活保護費負担割合を引き下げるということは、国の責任の後退であり、単なる地方への負担転嫁にすぎない。

(三)　生活保護費負担金の一般財源化は、地方の自由度の拡大につながらず、またつなげるべきものではない。生活保護費は現金給付等であって、国の制度上、年齢、家族構成、級地区分、各種扶助等の分類を踏まえて生活保護基準が定められており、地方に裁量の余地はない[10]」(第二回関係者協議会資料)。

この見解については、共感できる点だけでなく、相当に疑義のある点も少なくない。

第一に非常に細かい論点(上記(三))だが、住宅扶助の一般財源化案については後に詳しく述べるとしても、保護率上昇の主体的要因との関係で生活保護に関する「地方の裁量の余地はない」という指摘について、まずもって疑義がある。国が定めるべき保護費水準や保護基準などには、一方で、地方の裁量はほとんどないという地方側の見解は現行の法制上妥当性もいくらかあると考えるが、将来においても国と地方のあるべき関係から絶対的にないと断言してよいか疑問がある。他方で、保護行政の運営で、①ケースワーカーの裁量、②福祉事務所の裁量、③地方自治体本庁の保護行政への裁量の三点の裁量性が、その幅いかんにかかわらず、地方自治体には基本的に存在することが軽視されている。

生活保護法第一条の目的に規定されているように、生活保護事務は単なる現金給付の事務ではなく、被保護者の自立助長を促す生活支援事務であることはいうまでもないことであり、高知市長自らもよく承知しているように、例えば現業員のケースワーカーにかなりの裁量性がなければ、エンパワーメントを通じたよいソーシャルワークは行えないことになってしまうからである。

第二に、憲法第二十五条の生存権と国の責務の関係（上記（一）および（二））についてであるが、結論を先取りすると、地方側の主張のように、生活保護は「憲法第二十五条の生存権保障→国家責任→国の高率負担率」とはストレートに単純に結び付かないことに留意する必要がある。

周知のとおり憲法第二十五条の生存権（特に第一項と第二項の関係）をめぐって判例および学説上の争いもあり、既に第二章で述べたので本節では詳細な議論を避けるが、私見を述べれば憲法の基本的人権の章全体の構成等からみて、第二十五条の第一項は生存権を謳っているものの、それを狭義の生活保護請求権とみてはならず、本人の自助努力を前提に他方他施策によって実現可能な基本的人権の一つとして位置付けられ、第二項は生存権の具現化に対する国の責務を規定（いわゆるプログラム規定）したもので、国の広範な立法、行政の裁量権が認められる、ということである。(11)

したがって生活保護は憲法第二十五条の規定との関係上、国家責任が重いから、高率の国家負担割合を必須とするとは必ずしもいえない。既にみたように生活保護に関する事務は国が強く関わることは当然だとしても、そのことから国が全額国庫負担すべきだとか、高率の国庫負担をすべきであることが論理的に導き出されるわけではないからである。繰り返しになるが、現行の地方財政法における国と地方の財政規律の原則は、法定受託事務においても国と地方の財政規律の原則は、法定受託事務においても地方の事務は地方公共団体が負担するのが原則（地財法第九条）であり、その例外として「国が進んで経費を負担するもの」（同法第十条）において国も一定の割合の国庫負担を行うこととされているからである。国庫負担の割合は、財政事情やその他社会環境を考慮して、国と地方のあるべき関係から定められねばならないのである。

したがって、例えば、地方側の反論は、第七回関係者協議会（二〇〇五年十一月十日総務省資料）で小泉純一郎元首相が厚生大臣であった衆議院予算委員会（一九八九年四月三日）での「地方への恒久財源措置をしながら今回十分の八から十分の七・五、いわゆる四分の三に恒久化していこうということで、厚生省としてはこの方向で十分やっていけると判断した」との言辞を鬼の首を取ったかのように述べていたが、いかがなものか。確かに当時、小泉厚相は生活保護費の国庫負担は四分の三に恒久化していこうと発言をしたかもしれないが、恒久平和という人類の理想とは異なり、国庫負担は制度改革までのさしあたりの「恒久化」であり、厚生省がこの方向でやっていけない財政事情その他から改められる余地が出れば変えられるもので、永遠不変の恒久化とは必ずしもいえないものではなかろうか。

いずれにしても生活保護の事務は国の事務か地方の事務かという二律背反的に捉えることは適当ではなく、全国一律に行われるべき生活保護の適用基準自体などは今後とも国が統一的に定め、将来において生活扶助基準の策定を地方分権化で都道府県に権限委譲する案も含みに入れつつ、それ以外は国も地方の協力を受けながら、事務の執行を地方に委ねるという国・地方の事務配分は今後とも維持することが重要である。今日、生活保護を取り巻く現状や課題をつぶさにみれば、これまで以上に国と地方の連携を密にし、国と地方の信頼関係を高めることがむしろ必要ではないだろうか。

誠に遺憾ながら関係者協議会の最終回（十月二十五日第九回）において遅ればせに、そうした雰囲気もようやく出てきたことは私も構成員の一人として歴史的証言をしておきたい。

なお先般の三位一体改革に関して、批判的立場から論じている地方自治総合研究所の高木健二氏も次のように述べているので、参考にしたい。

「三位一体改革の第一期分（小泉内閣の時期——引用者）は、以下のとおり、到底手放しで評価することはできない。

①四兆円の補助金廃止と三兆円の税源移譲が行われたが、金融としては妥当な結論と評価する向きもあるが、経常的補助金は十割税源移譲、投資的補助金は八割税源移譲の約束が破られていることは、今後の改革を展望する上で看過できない。

②補助金廃止の内容は、国民健康保険、児童扶養手当、児童手当、小中学校の義務教育の国庫負担率引き下げなど地方六団体が望まない補助金改革のみが行われた。

③国民が最も望んでいる公共事業補助金は、一部施設整備費の補助金廃止以外はすべて交付金化しただけに終わり、補助金官庁を取り巻く利権構造がそのまま温存された。

④補助金廃止に伴う関係法律は当該補助金の負担割合のみを改廃しただけであり、国から地方への権限移譲は行われず、国の関与はほとんど変わらず、自治体の自由度が高まったとはいえない。

このように三位一体改革の結果は、内容は惨憺たる結果に終わった（ママ）が、補助金廃止をめぐる国地方の協議の場、生活保護に関する国地方の協議の場などが設定され、機能したことは当たり前のこととはいえ評価しておきたい[12]（傍点は引用者）」。

生活保護に関する協議の場、すなわち「関係者協議会」の存在そのものは、三位一体改革の結果に批判的な論者でも評価を受けており、当面の財政的議論ではなく、生活保護における国と地方の役割分担の在り方にとって今後も継続的に、かつ友好に議論されるべきものとして再度、設けられることが望まれる。

注

（1）京極髙宣（二〇〇六）『生活保護改革の視点』全国社会福祉協議会、第二部第五章を加筆修正。
（2）武智秀之（一九九六）「行政過程の制度分析――戦後日本における福祉政策の展開」中央大学出版部、八二～九六頁参照。
（3）生活保護費及び児童扶養手当に関する関係者協議会（二〇〇五ａ）「第1回生活保護費及び児童扶養手当に関する関係者協議会議事録」二〇〇五年四月二十日。
（4）生活保護費及び児童扶養手当に関する関係者協議会（二〇〇五ｂ）「第2回生活保護費及び児童扶養手当に関する関係者協議会資料」二〇〇五年五月二十七日。
（5）この点に関しては島崎謙治氏の教唆を受けた。
（6）石原信雄、二橋正弘（二〇〇〇）『新版　地方財政法逐条解説』ぎょうせい、一二五頁。
（7）松本英昭（二〇〇四）『新版　逐条地方自治法（第2次改訂版）』学陽書房、一一三頁。
（8）同前、三九頁。
（9）同前、三三頁。
（10）生活保護費及び児童扶養手当に関する関係者協議会（二〇〇五ｂ）前掲。
（11）京極髙宣「憲法と社会保障」（二〇〇五）（『日本社会事業大学研究紀要――京極髙宣教授退任記念号』第五二号、二〇〇五年十二月）参照。
（12）高木健二（二〇〇六）「三位一体改革と地方財政」『自治総研』第32巻、二〇〇六年一月号。

参考文献

武智秀之（一九九六）『行政過程の制度分析――戦後日本における福祉政策の展開』中央大学出版部。

松本英昭（二〇〇四）『新版　逐条地方自治法（第二次改訂版）』学陽書房。

生活保護費及び児童扶養手当に関する関係者協議会（二〇〇五ａ）「第１回生活保護費及び児童扶養手当に関する関係者協議会議事録」二〇〇五年四月二十日。

生活保護費及び児童扶養手当に関する関係者協議会（二〇〇五ｂ）「第２回生活保護費及び児童扶養手当に関する関係者協議会資料」二〇〇五年五月二十七日。

石原信雄・二橋正弘（二〇〇〇）『新版　地方財政法逐条解説』ぎょうせい。

京極高宣（二〇〇五）「憲法と社会保障」『日本社会事業大学研究紀要――京極高宣教授退任記念号』第五二号、二〇〇五年十二月。

京極高宣（二〇〇六）『生活保護改革の視点』全国社会福祉協議会。

高木健二（二〇〇六）「三位一体改革と地方財政」『自治総研』第32巻、二〇〇六年一月号。

第六章　生活保護と都道府県行政[1]

第一節　広域行政としての都道府県の役割

私は第八回関係者協議会（二〇〇五年十一月八日）において次のように述べた。

「生活保護を機関委任事務的発想で〝国の責任〟とみなして地方自治体の福祉施策と切り離して考えることは、他法他施策を活用して自立支援を促進する観点からマイナスである。生活保護は法定受託事務であり、国と地方が共同して実施する責任があり、特に都道府県の広域行政の責任はきわめて大きなものがある。特に医療政策、住宅政策、就労支援などの都道府県行政との連携は不可欠である[2]」。

この考え方は、国の機関委任事務としての生活保護が実施されている場合には、地方は都道府県であれ市町村であれ、どちらとも関係なく、いわば国の下請けとして生活保護事務を行い、費用負担も戦後のある時期までは国が五分の四、地方（都道府県または福祉事務所を持つ市町村）が五分の一を担当していた。それは社会福祉施設入所などのいわゆる福祉措置制度にも引き継がれ、措置費（措置委託費）の国の補助率は生活保護の率（五分の四）と同様となった。

さて、この五分の一は歴史的証言者である旧厚生省の葛西嘉資社会局長（当時）によれば、いわばモラルハザードを避けるためとして地方の責任を五分の一ほど持たせるということである。[3] それが一九八〇年代の改革で国が四分の三、地方が四分の一に負担割合が変更されたのだが、その後も生活保護事務は必ずしも国、都道府県、市町村が各々重層的に支える体制とはならなかった。

しかも平成十二（二〇〇〇）年に地方分権一括法で生活保護が法定受託事務となっても、生活保護行政の財政的な基本構造は何ら変わらず、市町村合併が急激に進む中で、都道府県における生活保護行政は守備範囲を町村部に限るので、著しく縮小せざるを得なかったのである。

ちなみに保護率の推移をみると、一九七〇年代には農村地域を表す郡部の保護率が一二～一五‰（千分率）台で最も高く、市部（一一～一二‰）のそれを上回っていた。しかし、一九八〇年代に入ると好景気を反映してか全体として保護率が低下するものの、それが逆転して市部の保護率が郡部のそれを大幅に上回るようになった。一九九〇年代以降の不況下で保護率の急上昇に伴い市部の保護率が郡部のそれを大幅に上回り、一九七〇年代の一二‰台となって今日に至っている（図表6-1-1）。

これを生活保護費全体の戦後の推移としてみると、市部の金額がいかに大きくなったかがよく分かる。しかも、その構成比を比べると、一方で一九五〇年で六割弱あった都道府県（二十三区および郡部）の生活保護費は、都の二十三区の独立と市町村合併などもあって二〇〇〇年を越えると二割を割った数字となり、他方で四カ所の町村を市等として市部（市および区）とみなすと、四割強に過ぎなかった市部の生活保護費が二〇〇〇年を越えると八割強に急増することになった。

図表 6－1－1　市部・郡部別保護率の推移

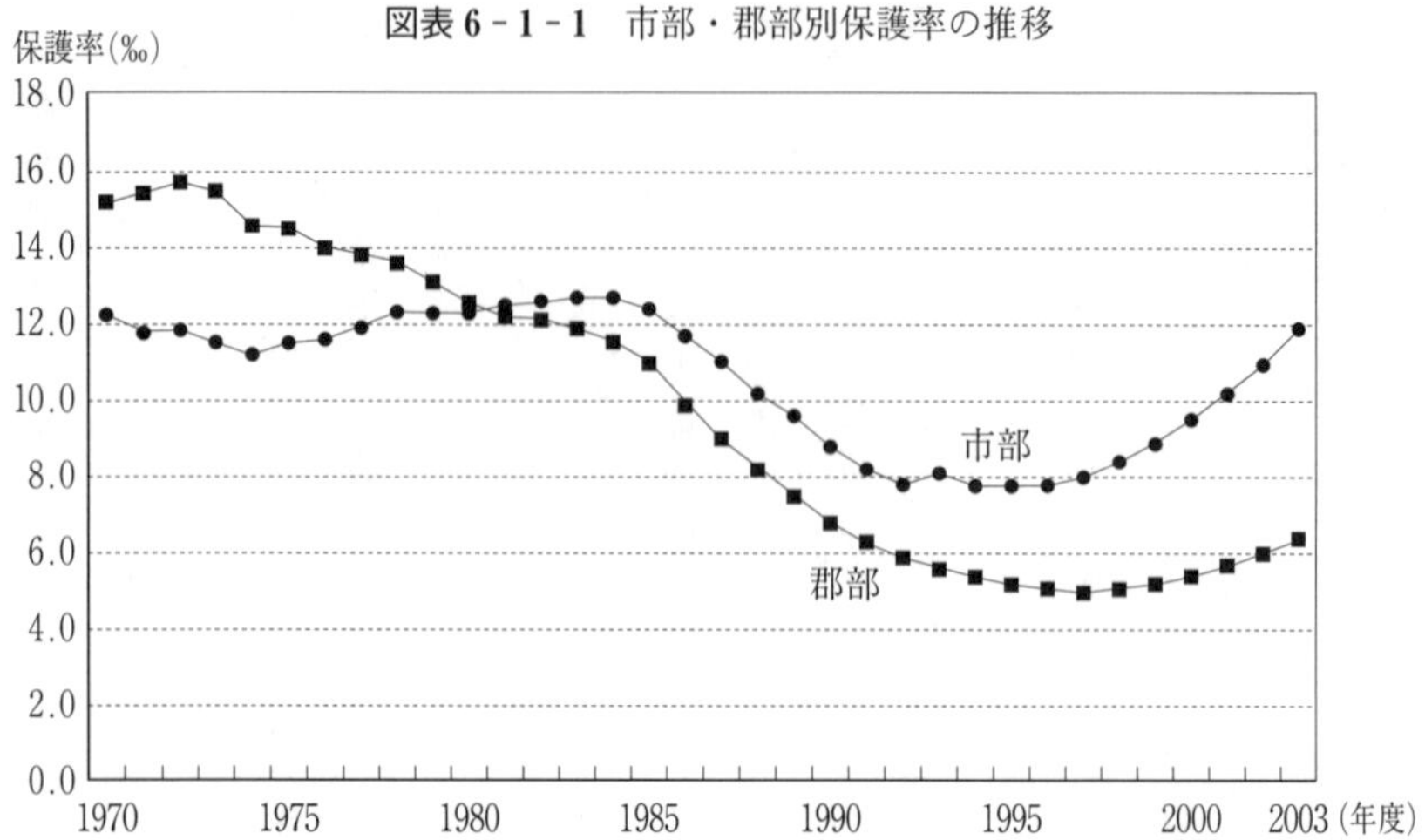

作成：国立社会保障・人口問題研究所。
出典：福祉行政報告例，全国市町村要覧。

町村合併が将来さらに進行してすべて市区となり、町村がゼロとなれば、郡部福祉事務所を所管する都道府県は生活保護行政にほとんど関わらなくてよい結果となる（図表６－１－２、図表６－１－３）。

二十一世紀の生活保護行政（あるいは公的扶助体系）にとって本当にこれでよいのか、大きな疑問が残るところである。生活保護が第一号法定受託事務である以上は、国がまず責任を持つにしても、福祉事務所のない町村だけでなく広域行政を受け持つ都道府県にもう少し責任を持たせ協力してもらうことができないのか。

私も関係者協議会で事例として述べた東京都内の例だが、精神障害者の精神科病院や社会復帰施設が充実して医療援助も手厚いと評判のＡ区に、近隣自治体から精神障害者が多数引っ越し、その退院して、その地域に定着してきており、区の福祉財政はそうした人の医療扶助の四分の一を負担することで圧迫されている。福祉行政上、区は市と同等の扱いだが、区だけが扶助を負担するのは不公平で、東京都もホームレスだけでなく応分の負担を

図表 6 - 1 - 2　都道府県・市等別生活保護費の推移

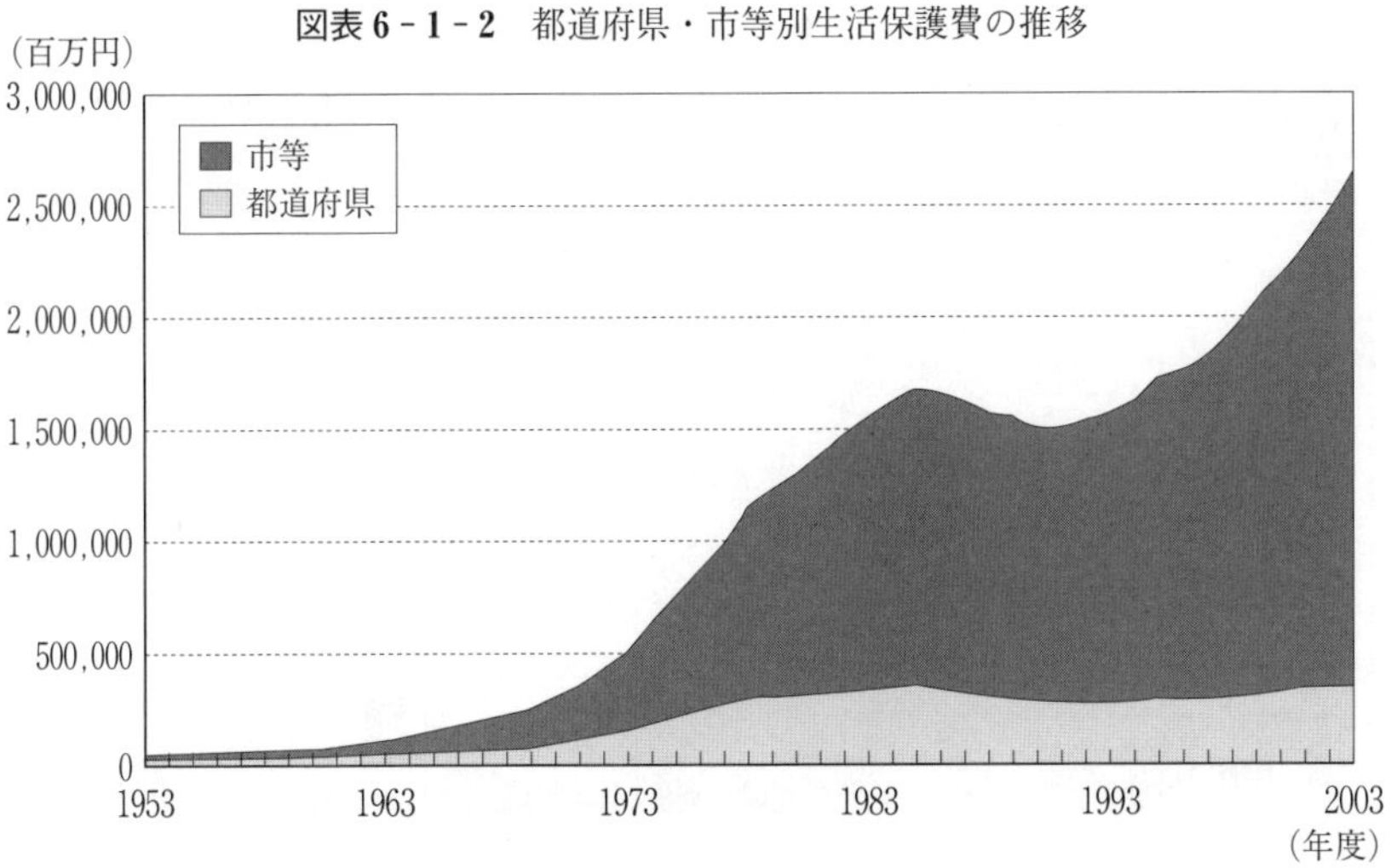

注：金額は国庫負担分・地方負担分を合わせた総額である。
作成：国立社会保障・人口問題研究所。
出典：総務省『地方財政白書』（地方財政の状況）各年度版。

図表 6 - 1 - 3　都道府県・市等別生活保護率の構成比の推移

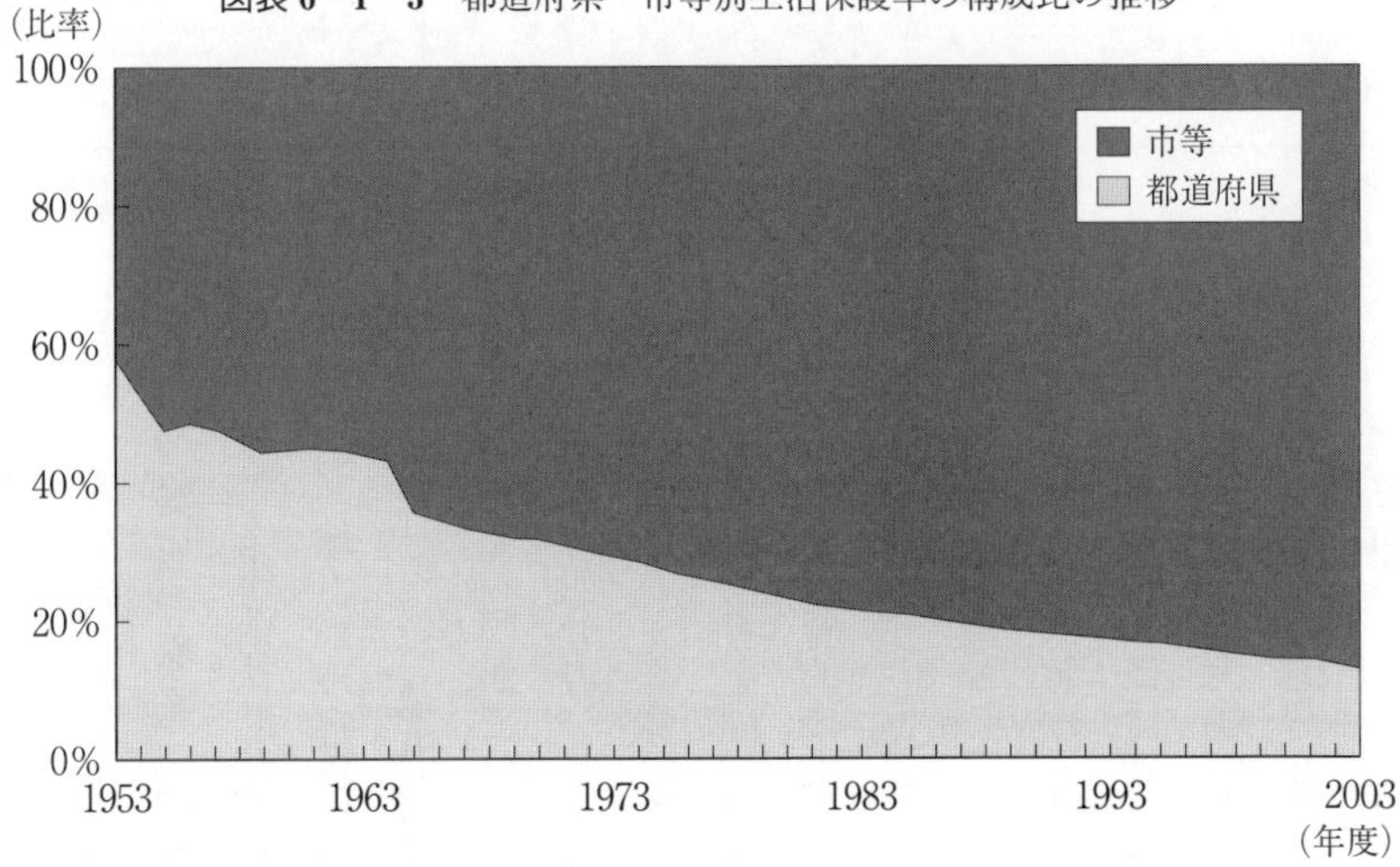

注：金額は国庫負担分・地方負担分を合わせた総額である。
作成：国立社会保障・人口問題研究所。
出典：総務省『地方財政白書』（地方財政の状況）各年度版。

図表6-1-4　生活保護手当の見直し案

修正案（2005/11/25提出）

項　目	考　え　方	権限委譲等	国庫負担等
生活扶助（一時扶助以外）	現　行　通　り		
住宅扶助	家賃の地域差等を的確に反映させるため，扶助基準の設定権限を保護の実施自治体に委譲するとともに，役割・責任の拡大等に伴い，財政負担を見直し	住宅扶助基準の設定権限 国→保護の実施自治体	保護の実施自治体の一般財源化
生活扶助の一時扶助，教育扶助，出産扶助，生業扶助，葬祭扶助	住宅扶助と同様	住宅扶助と同様	住宅扶助と同様
医療扶助	医療提供体制等に関する都道府県の役割・責任や国民健康保険等との財政負担の整合にかんがみ，都道府県の負担を導入		国 2/3 都道府県 1/6 保護の実施自治体 1/6
介護扶助	医療扶助と同様		医療扶助と同様

←

（当初案（11/4提出））

国庫負担等
国 1/2 都道府県 1/4 保護の実施自治体 1/4
保護の実施自治体の一般財源化
住宅扶助と同様
国 1/2 都道府県 1/4 保護の実施自治体 1/4
医療扶助と同様

注1：平成17年度当初予算ベース。ただし，一時扶助の額および市・都道府県の負担額の算定割合については，平成15年度実績ベース。
　2：財政負担変化は，満年度で計算。
出典：厚生労働省社会・援護局。

するのが妥当であろう。

第七回関係者協議会の厚生労働省の原案（図表6-1-4）も生活扶助が医療扶助の国・地方の現行負担割合（国が四分の三、地方が四分の一）を改め、国が二分の一、都道府県が四分の一、市区が四分の一というものであった。

被保護者を国、都道府県、市区が重層的に支える生活保護行政の在り方を示すものとして、印象として三位一体改革の議論における財政的つじつま合わせに便乗した形で国の負担率を大幅引き下げるというきらいはあるが、評価すべき所も十分に見受けられる。

また修正案では生活扶助は現行のとおりで、国の負担割合については課題が残るが、医療扶助を国三分の二、都道府県六分の一、市区六分の一という案で、これも医療扶助の生活保護行政を国と都道府県と市区で重層的に支える考え方に基づいているので、これもそれなりに評価をしてもように思われる。ただし、国と地方の比率についてはさらに具体的により慎重に検討されてよい。いずれにしても今回の見直しでは、両案はペンディングになり、生活保護費に関する国と地方の負担割合は現行どおりとなったことは既に述べたとおりである。

第二節　生活保護の実施体制と福祉事務所

周知のとおり、地方が生活保護に一部責任を持って国の事務に協力するといっても、都道府県行政や市町村行政が直接的に生活保護の実施体制となるわけではない。社会福祉法（第一章で既述）に規定される福祉事務所が保護の決定および実施を行うのである。そのあたりは、大変複雑な説明を必要とするので、以下詳述する。

まず生活保護法第十九条で、生活保護の実施機関として、都道府県知事と市（区）長に加え福祉事務所を管理する町村長（いわゆる町村福祉事務所を持つ町村の長）が保護の決定および実施責任を負うこととなっている。しかし実際上は、要保護者が所管内の居住地または現在地の者であっても、実務的な決定事務および実施事務は知事や市長等では困難なので、生活保護法第十九条の第四項で、知事や市長等の管理に属する行政庁（いわゆる福祉事務所）に限り、その事務の全部または一部を委任することができるとされている。

したがって生活保護の実務体制からみると行政長→福祉事務所長と事務権限が委任されているわけである。この委任により福祉事務所長は法律上の実施機関と同様の立場で保護を実施決定することになり、保護に関する処分はすべて福祉事務所長の名で行われることとなる。(4)

このことは、生活保護行政の在り方を議論する際には、国と地方の財政負担関係のみならず、現業機関である福祉事務所の在り方云々を抜きには（例えば不法受給の防止など保護の適正化に際しては、財政負担の関係だけでは）解決せず、今回の関係者協議会で地方六団体の要望を厚労省が保護の適正化への対応策として一部受け入れたように、福祉事務所の運営改善を図ることは必要不可欠なのである。

いずれにしても生活保護の決定・実施の事務は、保護の基準をはじめ各種取り扱い基準に従って、生活困窮者の最低生活需要を測定し、給付すべき保護の要否、程度、方法などを決定するという行政処分のための事務である。

したがって、相当の知識と技術を要する事務であることから、現業員（有給専門吏員）として社会福祉法（第十八条）の上に、社会福祉主事を定めている。生活保護法においても「社会福祉主事は、この法律の施行について都道府県知事または市町村長の事務の執行を補助するものとする」（第二十一条）という規定が置かれている。

ところで社会福祉法第十六条においては、福祉事務所の主事の配置基準に関して、現業所員（主なものは主事）の定数についてはいわゆるケースロード（被保護世帯担当件数）として郡部（都道府県福祉事務所）で被保護者世帯六十五ごとに一人ずつ追加し、市部（市区福祉事務所）で被保護世帯八十ごとに一人ずつ追加することが定められている。この基準は、かつて平成十一（一九九九）年以前、生活保護が国の機関委任事務であったときには、法定数であり、各福祉事務所は、法律上その基準を遵守する義務があったのに比べ、生活保護が国の法定受託事務となったときからは、標準数としてあくまで具体的な配置数は当該地方行政の長に委ねられることになった。そこから、福祉事務所が所管する地方自治体には、国の標準数と比べて現業員の充足率等にかなりの地域差が生ずることとなった。それが保護率の上昇や地域格差にどのような影響をもたらすか、現業員の充足率が一〇〇％に満たない地域で保護率の上昇がどのくらい顕著となったかは、すでに本書第四章でふれたように、社会統計的にも議論のあるところである。

一方で厚生労働省側は、現業員の充足率等で国基準以上の生活保護行政に力を入れて現業員を増加させている地方は保護率をそれなりに下げている事例と統計があるとして、主体的要因が保護率上昇に少なくない影響を与えていると主張し、他方、地方側と総務省は、そうした相関はなくもっぱら失業率、高齢化、離婚率等といった客観的要因が保護率の上昇に影響を与えているとした。

いずれにしても、生活保護行政の改革を前向きに行い、福祉事務所の現業員充足や職員研修等に力を入れ保護の適正化に努めた、歴史的な意味でモデル市となったK市などの数字は、現在の過度の生活保護抑制の問題状況はともかくとして、ある期間の成果を無視するにはいかがかと思われる（図表6-2-1）。

他方、生活保護行政で甘い対応が批難されやすいO市の数字は右のK市の対応と比較すれば現業員充足率の引き下げが保護率上昇の要因と十分思わせるものだが、非正規雇用などの人員配置をその分だけ行っているから関係はないとするO市の言い訳もある（図表6-2-2）。

結論を先取りすれば、生活保護事務にしてもこうした地方裁量権が効いてくるのは当然である。私見は、

図表 6－2－1　K 市の保護率と現業員充足率の推移

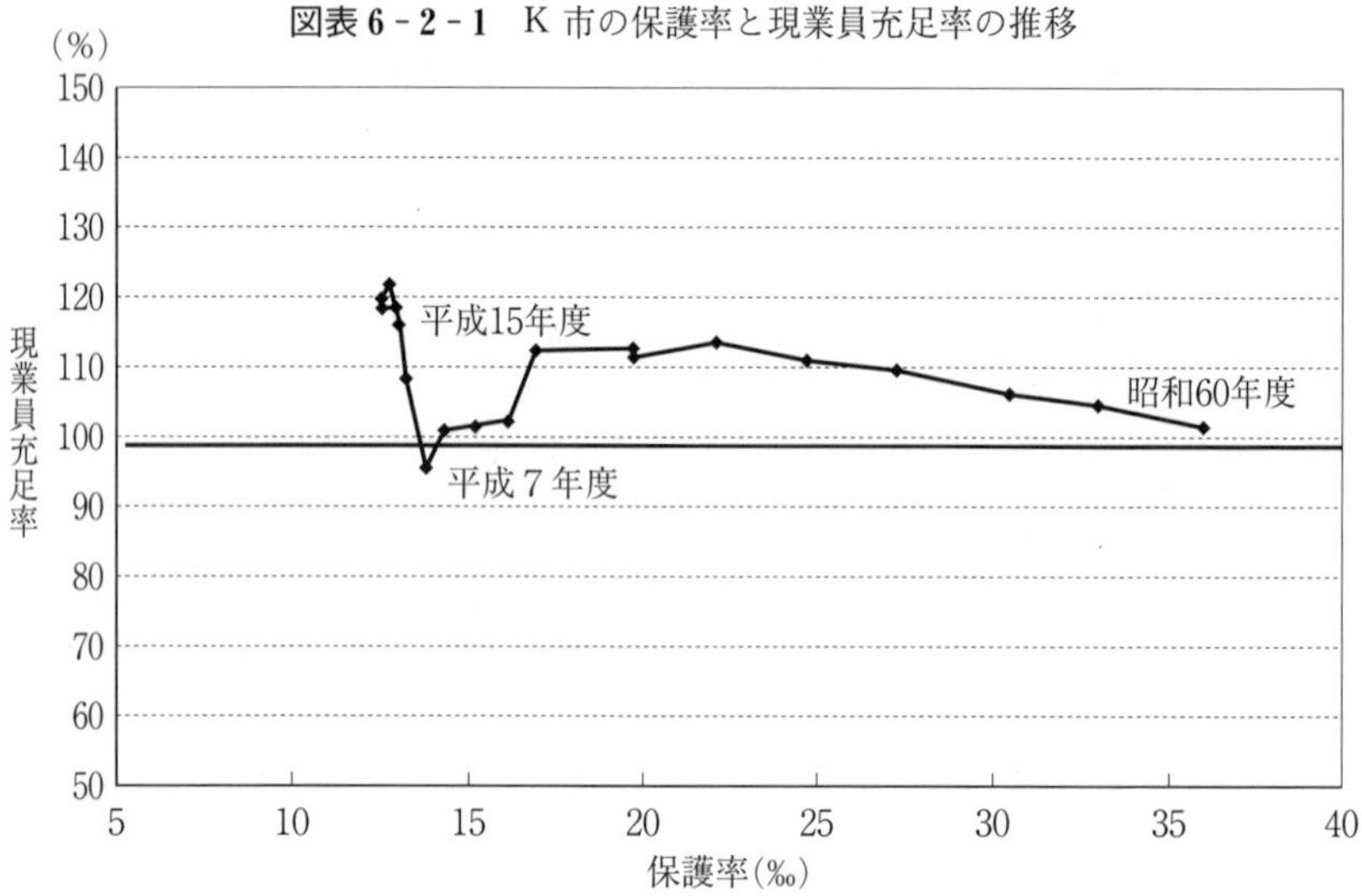

出典：厚生労働省社会・援護局保護課調べ。

図表 6－2－2　O 市の保護率と現業員充足率の推移

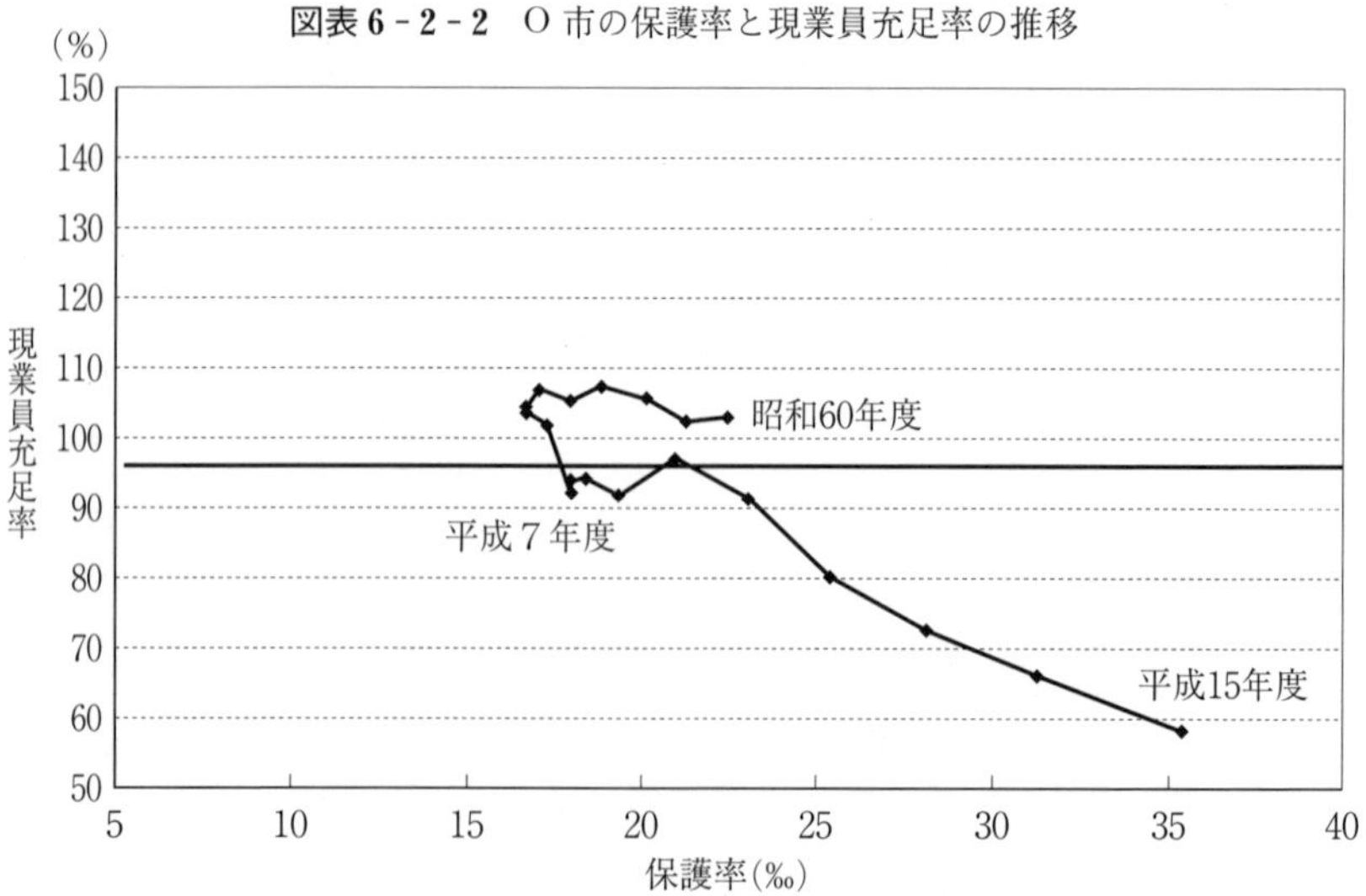

出典：生活保護費及び児童扶養手当に関する関係者協議会第３回共同作業資料（平成17年９月８日)。

将来において市区の福祉事務所の職員の力量を、社会福祉士の低すぎる採用率（推定一〜二％）[5]を引き上げ、実務研修を強化することでその力量をより向上させていくと同時に、すべての市町村に福祉事務所を置き、都道府県の役割を従来のように郡部福祉事務所（町村部）に置くのではなく、本書の最後の部分でふれるが、都道府県域全体を視野に入れ、保健行政や就労支援施策を併せて行う生活保護行政の効率化を図る総合的拠点（いわば保健福祉労働総合センター（仮称））を創設することも二十一世紀案の一つとして提案してみたい[6]。将来、仮に道州制になるとすれば、いきおい生活保護も広域行政として国と同等の権限を有する道州がかなりの責任分担をせざるを得ず、例えば級地や扶助基準の設定などに一部責任を持ち、他法他施策の連携を持たざるを得ない。その場合はハローワーク機能の地方分権化に伴う就労支援事業や保健所機能を有し、加えて域内級地の主体的設定や公営住宅との調整や医療扶助等のチェックなどを行うことが必要となることから、私の考えも検討の余地が十分あるように思われる。

いずれにしても生活保護に関する国と地方の役割分担の在り方は、地方分権化を推進する方向でなのか、それとも中央集権化を維持する方向でなのかを明確にしつつ、地方自治体においても都道府県と市町村の役割分担にも目配りして議論しなければならないだろう。とすれば国と地方の関係という議論で、生活保護制度だけは、立ち入った地方分権化の議論の聖域として取扱い、実際上は、国と市の関係が議論の中心にもかかわらず地方という範疇にくくられた都道府県の役割がほとんど視野に入れられず、国家責任を過度に強調しては正しくないことになる。むしろ生活保護行政から後退させる議論、例えば、地方自治を強く擁護する立場からの良心的若手研究者による次の発言については、それなりに評価するが、もう少し政策科学的にキメ細かに議論してもらいたいものである。

「三位一体改革の初年度から問題になっていたものに、生活保護費国庫負担金がある。つまり、厚生労働省は、国庫負担金を維持しながら負担率を引き下げようとしているのである。国と地方の役割分担の議論がしっかり行われないまま、したがって国と地方の責任をあいまいにしたまま補助負担額だけが引き下げられるのは最悪の選択である。これでは、費用負担面で地方負担が拡大するだけになってしまうのである」[7]。

右でいう国と地方の役割分担という場合にはわが国の地方制度にのっとって、国と都道府県の関係、国と市町村の関係、都道府県と市町村の関係というトライアングルをふまえてリアルに議論しなければならず、国の責任のみをいたずらに強調し、あたかも国の補助率の引き上げが税源移譲を伴うかのごとくみて国から地方への負担転嫁という議論にくみするのはいかがなものかと思われる。

他方で私も評価しており、氏が的確に述べているように「生活保護制度を取り巻く環境の変化を踏まえた上で、改めて国の責任を明確にし、今後の制度改革と制度構築を図ることが望ましい[8]」との指摘はまさにその通りであり、その際には国の責任だけでなく、広域地方行政の責任（特に都道府県の行政責任）の議論も避けてとおれないのではなかろうか。

注

（1）京極髙宣（二〇〇六）『生活保護改革の視点』全国社会福祉協議会、第二部第六章を加筆修正。

（2）生活保護と児童扶養手当に関する関係者協議会（二〇〇五）「第8回生活保護費と児童扶養手当に関する関係者協議会資料」「生活保護の在り方に関する資料」二〇〇五年十一月八日。

（3）葛西嘉資（一九八七）「戦後社会福祉制度体系の原点をさぐる」（全国社会福祉協議会編『福祉を語る　仲村優一対談集』全国社会福祉協議会、所収）、一三八頁。

（4）全国社会福祉協議会編（二〇〇五）『新版・社会福祉学習双書２００５（第6巻）公的扶助論』改訂四版、七九頁参照。

（5）福祉事務所の現業員は社会福祉主事資格をとることが義務化されているので、主事の採用率は七〜八割と極めて高いが、社会福祉士はその養成課程の問題（就労支援等の知識不足等）もあり、極めて採用率が低い。最近の社会福祉士の人材対策については、京極髙宣（二〇〇七）「新しい福祉人材確保指針の今日的意義」『月刊福祉』二〇〇七年十一月号、参照。

（6）ハローワーク機能を除けば、例えば保健所との併設は沖縄県その他で、また児童相談所との併設は新潟県その他で、更生相談所との併設では宮城県その他で、既に総合的な複合的機能を県の福祉事務所に持たせるための試みは相当に進んでいる。

（7）横山純一（二〇〇七）「三位一体改革と国庫補助負担金の廃止縮減」『三位一体改革の決算と第二改革』地方自治総合研究所、所収、九七頁。

（8）同前、九七〜九八頁。

参考文献

葛西嘉資（一九八七）「戦後社会福祉制度体系の原点をさぐる」全国社会福祉協議会編『福祉を語る　仲村優一対談集』。

生活保護と児童扶養手当に関する関係者協議会（二〇〇五）「第8回生活保護と児童扶養手当に関する関係者協議会資料」「生活保護の在り方に関する資料」二〇〇五年十一月八日。

全国社会福祉協議会編（二〇〇五）『新版・社会福祉学双書２００５（第６巻）公的扶助論』改訂四版。

京極高宣（二〇〇六）『生活保護改革の視点』全国社会福祉協議会。

京極高宣（二〇〇七）「新しい福祉人材確保指針の今日的意義」『月刊福祉』二〇〇七年十一月号。

横山純一（二〇〇七）「三位一体改革と国庫補助負担金の廃止縮減」『三位一体改革の決算と第二改革』地方自治総合研究所。

第三部　扶助の体系と基準の在り方

第七章　扶助の体系(1)

第一節　扶助体系の変遷

現行生活保護法は、保護の種類として、次の八つの扶助、すなわち、①生活扶助、②教育扶助、③住宅扶助、④医療扶助、⑤介護扶助、⑥出産扶助、⑦生業扶助、⑧葬祭扶助、を設けている（同法第十一条）。この扶助体系は、介護保険法（平成九（一九九七）年）の成立に伴い、介護扶助が従来の生活保護の七つの扶助に加えられるまでは、現行生活保護法の成立（昭和二十五（一九五〇）年）以降、戦後一貫したものとなっているようにみえる。

しかし、戦前から戦後の過程で詳しくみると、必ずしも一貫した扶助体系となっておらず、若干の変遷がみられることに留意する必要がある。そもそも、わが国の公的扶助立法の原点である恤救《じゅっきゅう》規則（明治七（一八七四）年）においては、生活資料（いわゆる生活扶助）の支給のみが行われた。その後、救護法（昭和四（一九二九）年）においては、その種類が、①生活扶助、②医療、③助産、④生業扶助、の四種類に整

図表7－1－1　最低生活費の体系

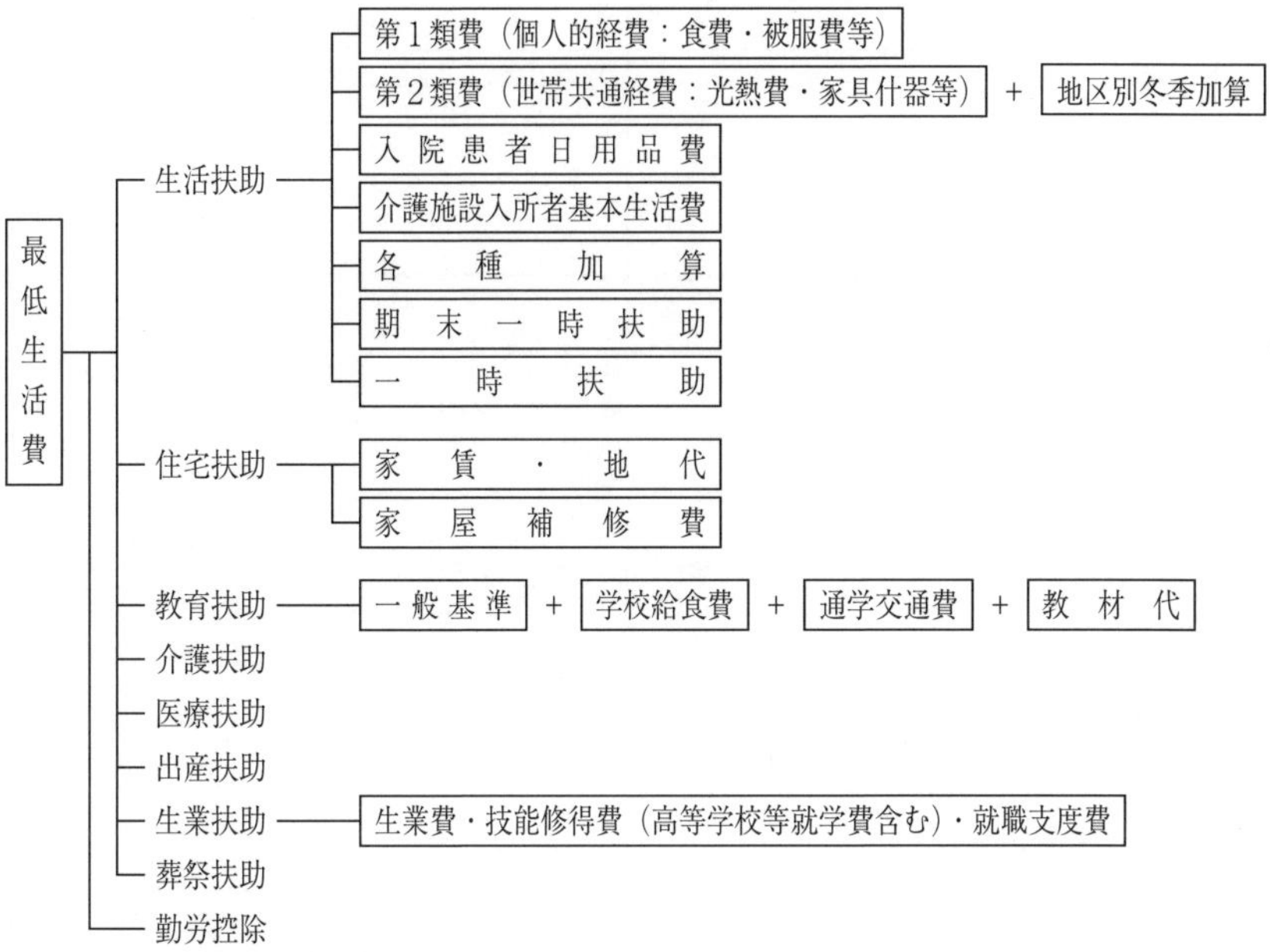

出典：厚生労働省社会・援護局保護課（2007）資料。

備され、次いで医療保護法（昭和十六（一九四一）年）の制定によって一部が分化し、それが旧生活保護法（昭和二十一（一九四六）年）の制定により再び総合されて、①生活扶助、②医療、③助産、④生業扶助、⑤葬祭扶助、の五種になったのである(2)。

そして、現行法（新生活保護法）においてさらに教育扶助と住宅扶助が独立して設けられ、旧法の五種類と新法で新たに設けられた二種類とを加えて七種類の扶助体系になり、介護保険法の成立（平成九（一九九七）年）により介護扶助が加わり、合計で八種類の扶助体系になったわけである(3)（図表7－1－1）。

このように扶助体系が整備されたのは「社会情勢の推移を物語るもの(4)」として、特に教育扶助と住宅扶助に関しては、社会保障制度審議会（会長＝大内兵衛氏）の「生活保護制度の改善強化に関する勧告」（昭和二十四年）で

ド　イ　ツ	スウェーデン
1962年連邦社会扶助法 (Bundessozialhilfegesetz)（2003年改正）	1982年社会サービス法（ただし2002年に一部改正）
自治体（特別市および郡）の財源。基準は連邦政府が統一基準を定める部分と自治体の裁量に委ねられる部分がある。	コミューン（Kommune，基礎自治体）の一般財源からまかなわれる（ただし，自治体間の平衡交付金と，国からの一般国庫交付金により，財政力格差が是正されている）基準に関するガイドラインが社会庁（Social styrelsen）（社会省（Socialdepartementet））のエイジェンシーによって定められているが，その水準の最終決定権はコミューンにある
生計扶助（Hilfe zum Lebensunterhalt（HLU））：すべての人々 特別扶助（Hilfe in besonderen Lebenslagen（HbL））：障害者統合扶助，介護扶助。特別な社会的困難を克服するための扶助（ホームレス対象）など11種 失業手当Ⅱ—2003年改正によって従来の失業扶助（失業手当を使い切ってしまった失業者への無期限給付）と社会扶助を統合 基礎保障—高齢者・障害者対象（税財源）	社会扶助：低所得者に対して職業安定所（Arbetsmarknadsverket）（経済雇用通信省傘下の労働市場庁（AMS）が，コミューンごとに設置する事務所）への登録と資力調査を条件に行われる給付
社会扶助の特別扶助	国民保健サービスにより低所得者の自己負担はなし
社会住宅（sozialwohnung）：無（低）利子の住宅建築促進制度，借家人等に制約を付加（2002年廃止） 2002年社会的居住空間助成法（WoFG）：困窮世帯への賃貸住宅促進（州が担い手） 住宅手当（Wohngeld）：家賃扶助および持ち家のローン扶助 特別な場合の生活扶助（15 a 条）：滞納家賃の肩代わり措置	社会扶助：社会扶助受給者には，住居費相当を含める形で給付が支給される。 社会住宅：コミューンの公社によって供給される 住宅手当：稼動年齢の低所得者を対象（賃貸・持家の別を問わない），1968年創設 年金受給者住宅補足給付：年金受給者のうち，受給額が低い者を対象
社会事務所（Sozialamt），保健事務所（Gesundheitsamt），児童事務所（Jugendamt），連邦運用エージェンシー（2004年より）	コミューン（福祉事務所）（社会庁による給付額等のガイドラインがあるが，実施・管理方法の決定権はコミューンにある） 住宅手当：社会保険事務所（社会省のエイジェンシーである社会保険庁（F_rs_kringskassan）が，コミューンごとに設置する事務所

図表7－1－2　主な公的扶助の形態：国際比較

	アメリカ	イギリス
根拠立法	1935年社会保障法・1965年改正法（Social Securyty Act）：TANF, SSI, Medicaid 1937年住宅法（Housing Act）	所得補助：1986年社会法，1992年社会保障拠出給付法，1992年社会保障管理法，1998年社会保障法 年金クレジット：2002年年金クレジット法 児童税額控除：2002年税額控除法（Tax Credits Act 2002）・社会保障管理法 求職者手当：1996年求職者手当法
費用負担及び基準の設定主体	連邦政府の社会保障税＋一般財源，および州の独自財源（TANF などは最低基準を連邦政府が提示するが，週が対象・支給内用ともに設定，TANF は連邦政府から週へのブロック・グラント（固定一括補助金）に州の独自財源をプラス。）	国（連合王国）の一般財源からまかなわれ，基準は国が設定する（雇用年金相が定め，国会が承認＝年齢・世帯構成等別に週ごとの支給額が規定されている）
生活扶助	一般扶助（GA）：各州政府による生活扶助 フードスタンプなど食料扶助，光熱費扶助，などの現物給付（農業省の管轄） 補足的保障所得（SSI）：主に障害者，高齢者 貧困世帯への一時的扶助（TANF）：低所得者の母子世帯対象（旧 AFDC） 稼得取得税額控除（EITC），児童税額控除（CTC）：有子世帯への還付可能な税額控除（内国歳入庁（Internal Revenue Service）の管轄） EITC は連邦政府が対象・基準ともに設定しているが，州が独自の財源で州独特の EITC 制度をプラス	所得補助：16～59歳で，週平均就労時間が16時間以下の低所得者を対象。1988年創設。給付のうち，児童の養育に関連する部分は児童税額控除（CTC）から支出される 社会基金：低所得者の突発的・非日常的必要に対する給付 年金クレジット：60歳以上で，収入が適正額に満たない場合，差額を支給する制度 児童税額控除（CTC）：子どもを養育する者に，就労時間を問わずに行われる税額控除 勤労税額控除（WTC）：一定時間の就労を条件に行われる税額控除で，CTC と併給可能 所得関連求職者手当（Jobseeker's allowance）：失業者への資力調査付き給付
医療扶助関連	メディケイド（Medicaid：低所得者対象の医療扶助）として独立 連邦政府から州への補助金＋州の財源	国民保健サービス（NHS）による全国民を対象とした無料医療
住宅扶助関連	住宅チョイス・バウチャー（Housing Choice Voucher）（旧セクション8）：低所得者に対するバウチャー 公的住宅（Public Housing）：低所得者，高齢者，障害者などに対する公的住居 両者とも，住宅都市開発省（HUD）の管轄であり，地域のハウジング・エージェンシー（HA）が管理運営費用は連邦政府	社会住宅：地方自治体・住宅協会が管理運営し，建築費用は国家からの補助金によってまかなわれる，副首相府の管轄 住宅給付：地方自治体が管理運営し，費用の95％が国家からの住宅給付補助金によってまかなわれる，厚生年金省の管轄
担当事務所	福祉事務所（Welfare Office）：TANF 各担当省庁の出先機関：その他の制度 内国歳入庁：稼得所得税額控除（EITC），児童税額控除（CTC）	ジョブセンタープラス（Jobcentre Plus）（雇用年金省のエイジェンシー）：所得補助・求職者手当（職業安定所であるジョブセンターと，稼動年齢者への給付を行うベネフィットオフィスが2006年までに統合されることとなっている）。 年金サービス庁（Pension Service）（雇用年金省のエージェンシー）：年金クレジット 歳入関税庁（HM Revenue & Customs）（旧内国歳入庁）：児童税額控除（CTC）・就労税額控除（WTC）

注：第8回関係者協議会資料を加筆修正。
作成：国立社会保障・人口問題研究所。

図表7-1-3　生活保護費の内訳（平成15年度）

生活保護費は平成15年度で約2兆3,881億円。51.8%は医療扶助費，34.3%は生活扶助費。

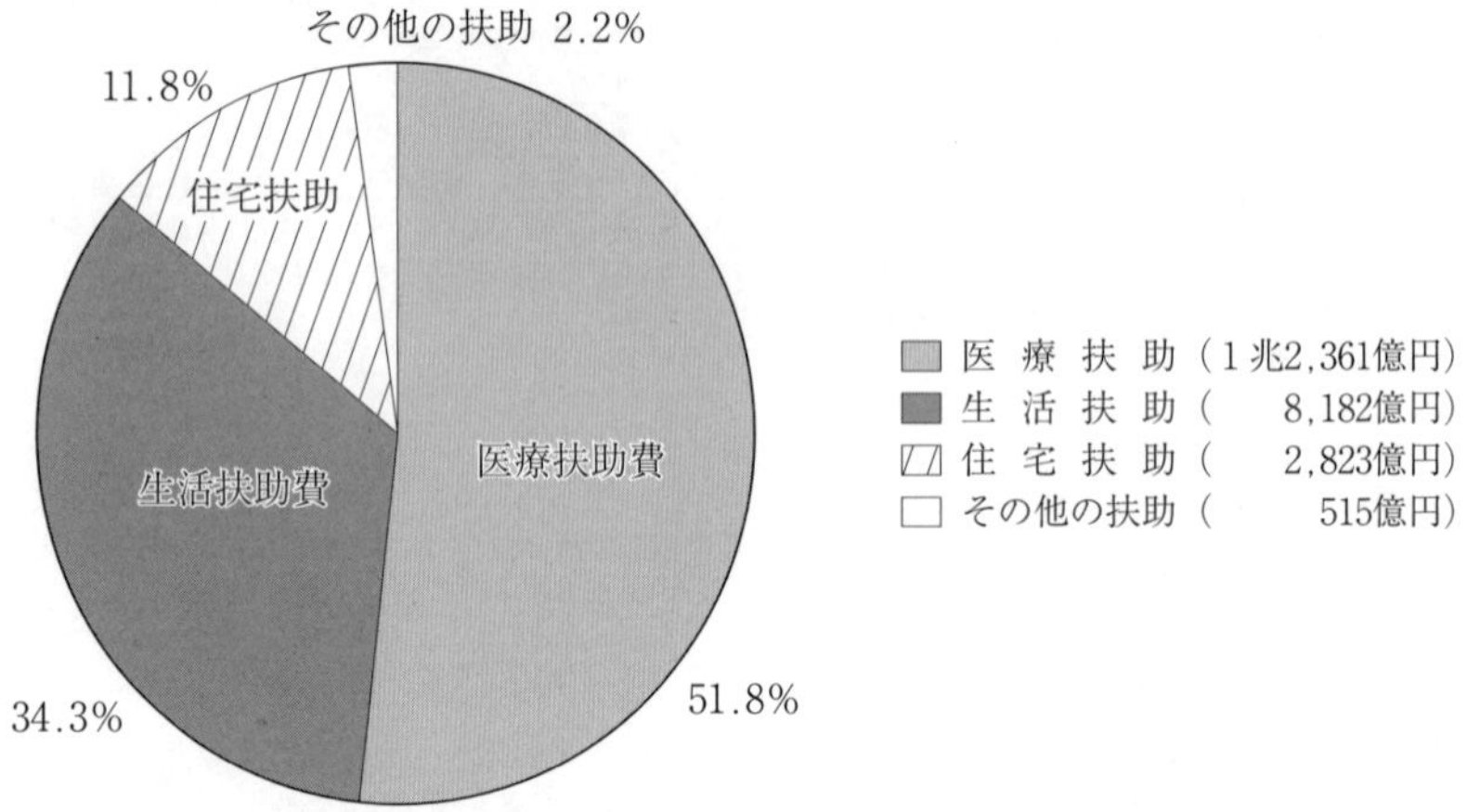

注：被保護者は国民健康保険に加入できず，医療費については全額を医療扶助費で対応している。
資料：厚生労働省社会援護局保護課（2004）『生活保護費事業実績報告』（平成15年度）。

「現行の五種類の保護の外に新たな教育扶助及び住宅扶助の制度を創設すべきである」としたのが与《あずか》って力があった。

この二つの扶助は、生活扶助と極めて密接な補完関係もあり、その分離への反対意見もあったようだが、それを乗り越えて成立したといわれている[5]。

ちなみに、欧米諸国の公的扶助においては、わが国の扶助体系のような多重構造をとっている国はドイツを除いてほとんど皆無であり、すべて生活扶助を中心としている（図表7-1-2）。しかも連邦制を取る米独では州（ステイトまたはラント）が生活扶助の実施責任を持っており、わが国が将来に道州制をとるとしたら、将に道州が国に代わって生活扶助の実施主体になることになるのである。

国際比較してみると、まず教育扶助については図表7-1-2には明示されていないが、欧米においては公的な義務教育に関してはすべて無料であるか、あるいは低所得家庭に授業料免除や奨学金を与えるものが一般的であるように思われる。わが国の場合は、とりわけ戦争未亡人母子世帯において子供の教育費を捻出するために被保護者の生活費に食い込まない政治的配慮が働いて教育扶助ができた[6]といわれているので、欧米諸国とはかなり異なる。

また住宅扶助については、わが国が極めて特殊で公的扶助の一部に住宅扶助が国の施策として存在しているが、欧米諸国では被保護者を含め低所得者へ公営住宅（いわゆる社会住宅）を無料ないし低額で貸与することが一般的で、それが不可能な場合に家賃分を別途、地方自治体が手当として給付することが多いように見受けられる（図表7-1-3）。

イギリスの社会保障の基礎を成したベバリッジ報告においても家賃の問題は社会住宅と比べて解決困難な問題とされ、推計生計費に若干の家賃手当を組み入れて書き込む以外の方法はなかったようである。日本においても、住宅扶助を独立した扶助として創設したのは全く戦後の特殊事情に基づくものである。すなわち、戦後の日本は戦災による住宅の大量喪失、あの極度の住宅不足に悩まされるなどの事情で創設したとされている。[7]それにもかかわらず、奇異なことに戦後約六十年間も住宅扶助は存続している。

また、後に詳しくふれるが、医療扶助についても、ドイツを除く欧米では、国民医療として無料の国（イギリス、スウェーデン）では当然のこととして公的扶助に医療扶助が含まれない一方、生活扶助と別途の医療扶助（メディケイド）を持つ国（アメリカ）が存在しており、わが国の扶助体系とは極めて異なることは確かである。生活扶助と医療扶助を同一の公的扶助体系としているのは、日本とドイツくらいであり、連邦のドイツでは州（ラント）の業務となっており、中央政府（連邦）の業務ではない。またスウェーデ

図表7－1－4　社会住宅と住宅費扶助の各国比較

国	イギリス	フランス	ドイツ	オランダ	アメリカ
全住宅ストック中の社会住宅比率（最近年）	世帯比22％（1998年）	人口比18％（1996年）	世帯比16％（1994年）	世帯比36％（1999年）	世帯比2％（2001年）
全住宅ストック中の社会住宅の比率の経年変化（最近年以前）	24％（1992年） 33％（1981年）	17％（1989年） 16％（1978年） 5％（1961年）	西ドイツ 15％（1987年） 18％（1978年） 東ドイツ 69％（1988年） ＊住宅協同組合18％，政府所有18％ほか	36％（1992年） 36％（1990年） 34％（1980年） 31％（1970年） 26％（1960年） 24％（1950年）	
賃貸住宅ストック中の社会住宅の比率（最近年）	68％（1998年）	46％（1996年）	16％（1998年）	76％（1999年）	
新設住宅数に占める社会住宅の割合	19％（1990年） 14％（1998年）	15％（1990年） 13％（1999年）	16％（1990年） 7％（1998年）	31％（1990年） 15％（1998年）	
社会住宅ストック量（所有形態別）（最近年）	市町村が賃貸 3,991,000世帯 17％ 登録された社会的家主が賃貸 1,173,000世帯 6％	HLM 住宅 3,657,000人 16％ SEM 住宅 494,000人 2％ ＊HLM 住宅は政府の長期低利融資を受けた賃貸住宅 ＊SEM 住宅は民間所有で，幾分かの公的資金が導入されたもの	社会賃貸15％（世帯比） ＊旧東独の国有住宅は約290万戸（ストックの約41％）2001	社会賃貸36％（世帯比）	公共住宅2％（世帯比） 推計で2,160,000戸 ＊他に公的補助住宅（1974年住宅コミュニティ開発誌 Section B による住宅費扶助給付対象）1％

出典：都市基盤整備公団総合研究所（2004）「平成15年度海外住宅，都市開発動向調査」。

ンではコミューンの共同医療団体としての県（ラングスティン）[8]が医療の実施を行っており、低所得者への配慮も県の仕事となっている。

いずれにしても、国際比較の面からみてもわが国の扶助体系は、敗戦後の特殊事情で急きょ制度化されたもので、二十一世紀の今日において必ずしも絶対視することはできない（図表7－1－4）。

厚生労働省においても「生活保護制度の在り方に関する専門委員会」の報告（平成十六年）にお

いても今後の検討課題として、次の二つ、すなわち「(2) 現行の扶助体系と給付方法において住宅扶助について、他の扶助と切り離した支給を可能とすること、失業者に対する保護の適用にあたり、高齢者等他の世帯と異なる枠組みを作る必要性」と、「(3) 他法優先の原則にもかかわらず、国民健康保険においては被保護者が対象外とされ、医療費は全額医療扶助で対応していること」などが指摘されている[9]。近い将来に生活保護制度の抜本的見直しにおいては扶助体系に関しても二十一世紀にふさわしい在り方を探らなければならないのではないか。

このようにみてくると、全国知事会・全国市長会「厚生労働省の生活保護費及び児童扶養手当の見直し案に対する意見」(第七回関係者協議会資料) がおのおの扶助ごとに見直す厚生労働省案に対して「〝生活保護制度〟を無理矢理に扶助ごとに分断し、基準設定権限や国庫負担率を変更しようとするものであるが、このような考え方は、本来、総体としてとらえるべき衣・食・住、医療、介護など対象となる被保護者の人間としての暮らしや営みを軽視するものであり、この考え方には与しない[10]」と、かなり情緒的な表現で扶助ごとの分析を避けて述べていることには疑義を禁じえない。もしそうなら総合的な生活扶助の在り方を、新たに打ち出し、現状の付加的扶助を見直すことは避けられないはずであるが、右の見解はそうした検討を行わず現状のままでよいと追認するにとどまっている。

第二節　各扶助の現状

さて、ここで生活保護の基準と扶助の体系について再度おさらいしておく必要がある。

図表7-2-1　生活保護基準の内容

生活保護の基準は，要保護者の年齢別，世帯構成別，所在地域別その他保護の種類に応じて必要な事情を考慮した最低限度の生活の需要を満たすに十分なものであって，且つ，これをこえないものでなければならない。（生活保護法第8条2項）

生活を営む上で生じる費用	対応する扶助の種類	支給内容
日常生活に必要な費用	生活扶助	基準額は， (1)　食費等の個人的費用（年齢別に算定）と (2)　高熱水費等の世帯共通的費用（世帯人員別に算定） を合算して算出。 なお，特定の世帯については加算が上乗せされる。 →老齢加算，母子加算，障害者加算等
アパート等の家賃	住宅扶助	定められた範囲内で実費を支給
義務教育を受けるために必要な学用品費	教育扶助	定められた基準額を支給
医療サービスの費用	医療扶助	費用は直接医療機関へ支払（本人負担なし）
介護サービスの費用	介護扶助	費用は直接介護事業者へ支払（本人負担なし）
出産費用	出産扶助	定められた範囲内で実費を支給
就労に必要な技能の修得等にかかる費用	生業扶助	定められた範囲内で実費を支給
葬祭費用	葬祭扶助	定められた範囲内で実費を支給

出典：厚生労働省社会・援護局（2005）調べ。

生活保護の基準は、生活保護法第八条第二項に規定されているように要保護者の年齢別、性別、世帯構成別、所在地域別その他、保護の種類に応じて必要な事情を考慮した最低限度の生活の需要を満たすのに十分なものであって、かつ、これを越えないものでなければならない。

生活保護の論理に関しては必ずしも一般化していないが、私見では図表7-2-1のように「生活を営む上で生じる費用（ベーシックニーズ）→それに対応する扶助の種類→支給内容」というのがそれである。しかしながら各種扶助の中で、後にみるように今日において、生活扶

図表７－２－２　被保護人員，保護率，扶助別人員及び構成割合の年次推移
（１カ月平均）
（単位：％）

	扶助率					
	生活扶助	住宅扶助	教育扶助	医療扶助	介護扶助	その他扶助
昭和40	89.9	48.8	27.1	38.6	—	0.7
45	85.0	47.8	19.6	52.2	—	0.5
50	86.0	52.2	17.0	58.2	—	0.4
55	87.7	60.8	18.3	60.0	—	0.3
60	88.7	67.6	17.6	63.6	—	0.3
平成２	87.7	72.0	13.4	70.1	—	0.3
7	86.2	72.4	10.0	77.1	—	0.3
9	86.6	73.8	9.3	79.0	—	0.3
10	86.8	74.7	9.1	79.6	—	0.3
11	87.3	76.0	9.1	80.0	—	0.2
12	87.9	76.9	9.0	80.6	6.2	0.2
13	88.4	77.6	9.1	80.9	7.4	0.2
14	89.0	78.5	9.2	80.7	8.5	0.2
15	89.4	78.9	9.2	80.5	9.5	0.2

資料：厚生労働省「福祉行政報告例」の各年統計より作成。

助と医療扶助は最大の費目であり、他の扶助と同列に議論できない。平成十五年度で生活保護費は約二兆三千八百八十一億円、五一・八％が医療扶助費、三四・三％は生活扶助費である。

特に生活扶助は、近年、医療扶助に生活保護費の金額内訳で追い抜かれたが、現在でも被保護人員数の八九・四％（平成十五年度）を占めて、医療扶助の八〇・五％を上回っている。三十年以上前（昭和四十年度）は何と医療扶助は三八・六％、住宅扶助は四五・五％などとなっていて、生活扶助は今日と変わらず八九・九％を占めていたのである（図表７－２－２）。

最新の生活保護の解説書においても「生活扶助は、各扶助のうちで最も基本的な扶助ともいうべきもので、その中心はいわゆる〝衣食その他の日常生活の需要〟を満たすための給付として行われるものである」[11]。

生活保護法の生活扶助の項は、各扶助の先頭に

次のように規定されている。すなわち「生活扶助は困窮のため最低限度の生活を維持することのできない者に対して、左に掲げる事項の範囲内において行われる。（一）衣食その他日常生活の需要を満たすもの（二）移送」（同第十二条）。

ただ念のために注意を払うと、新法（新生活保護法）で住宅扶助が創設されたため、従来と異なり住まいに関する扶助の主要部分は生活扶助から除外されることになっている。

「衣食その他日常生活の需要」の内容としては、第一に衣食やその他日用品の維持・購入に必要な経費（「個人的経費」）と光熱水費や家具・什器などの維持・購入に必要な経費（「世帯全体として必要とされる経費」）が、第二に病院などへの移送費が含まれている。

いずれにしても生活扶助は、国民生活のナショナル・ミニマムとしての金銭給付であり、医療扶助等の現物給付とは異なる生活保護のベースとなる扶助であることは確かである。問題は、その基準は従来のように国が全権を持って細部に至るまで決定するのがよいのか、それとも新しい時代状況に対応して都道府県（あるいは将来の道州）が国の標準を参考にして、地域の実情を勘案して決定するのがよいのか。これが今回の関係者協議会の争点となったわけであり、地方分権化を推進する立場から私は当然に後者を支援したのである。

厚生労働省の原案では、生活扶助と医療扶助ともに、国が二分の一、都道府県が四分の一、市区が四分の一という負担割合が出され、それをめぐって賛否が分かれたが、都道府県がそれなりの負担をすれば、当然、基準についても地域の実情を加味して都道府県でやる方が地方分権化の推進にとってプラスではないかということであった。

例えば、級地や水準に関しても国が決定すれば、政令指定都市などであっても、市町村の一つとして、市町村ごとに決めざるを得ないが、都道府県や政令指定都市が権限を持って決めれば、大きな市をいくつかの区域に決めてもよいのではないかと思われる。この点で最近の市町村合併で例えば二～三級地の町村が一級地の中核市との合併で一級地に成り行きで昇格し、二十一世紀の被保護世帯の生活扶助が自動的に上昇したことは、マスコミ等でも何ら問題にされていないのは疑問である。もちろん生活保護改革で国から都道府県へ財源移譲を伴う負担変化であって、財源抜きの「負担移譲」はあってはならないし、今回の提案もそうではないのである。

注

(1) 京極髙宣（二〇〇六）『生活保護改革の視点』全国社会福祉協議会、第三部第七章を加筆修正。
(2) 「医療」及び「助産」に扶助が付いていない理由は、当時においては無料低額診療所等による現物給付だったことによる。
(3) 以上は、不朽の名著、小山進次郎（二〇〇四）『(改訂増補) 生活保護法の解釈と運用』中央社会福祉協議会、二三二頁参照。
(4) 同前。
(5) 同前、二三二頁～二三三頁参照。
(6) 同前。
(7) 同前。
(8) スウェーデンの医療は通常は税による社会扶助方式とみられているが、コミューンを媒介とした市民の社会保険方式（加盟者は市民でなくコミューン）といえる。

（9）社会保障審議会福祉部会生活保護制度の在り方に関する専門委員会（二〇〇四）「生活保護制度の在り方に関する専門委員会報告書」参照。

（10）生活保護費及び児童扶養手当に関する関係者協議会（二〇〇五）「第7回生活保護費及び児童扶養手当に関する関係者協議会資料」二〇〇五年十月二十五日。

（11）全国社会福祉協議会編（二〇〇五）『新版・社会福祉学習双書2005（第6巻）公的扶助論』改訂四版、全国社会福祉協議会、四六頁、参照。

参考文献

小山進次郎（二〇〇四）『（改訂増補）生活保護法の解釈と運用』中央社会福祉協議会。

社会保障審議会福祉部会生活保護制度の在り方に関する専門委員会（二〇〇四）「生活保護制度の在り方に関する専門委員会報告書」。

生活保護費及び児童扶養手当に関する関係者協議会（二〇〇五）「第7回生活保護費及び児童扶養手当に関する関係者協議会資料」二〇〇五年十月二十五日。

全国社会福祉協議会編（二〇〇五）『新版・社会福祉学習双書2005（第6巻）公的扶助論』改訂四版。

京極高宣（二〇〇六）『生活保護改革の視点』全国社会福祉協議会。

第八章　各扶助と基準の問題点[1]

第一節　生活扶助の基準

生活保護の二大扶助はいうまでもなく、生活扶助と医療扶助である。特に生活扶助は、八種類の扶助のうち、日常生活費に対する金銭給付として最も基本的な給付である。

その点について、厚生労働省社会援護局生活扶助基準に関する検討会（座長＝樋口美雄）でも次のように再確認されている。

「住宅扶助、医療扶助等は特定の需要（住居や医療等の個別的必要性――引用者）に対する給付であるのに対して、生活扶助は日常生活費に対する金銭給付であるとの意味で最も基本的な給付である。[2]」

この生活扶助の現行基準は、大きくは、（1）食費や被服費など個人単位に消費するもの（「第一類費」）と（2）光熱水費など世帯単位で消費するもの（「第二類費」）とからなっている。そして第一類費は年令別に、第二類費は世帯人員別に基準額が定められ、かつそれぞれ全国の市町村の生活様式や物価の違いなどを考慮して区分された「級地」ごとに地域差（現在は六区分）がつけられている。

したがって生活扶助として世帯単位で支給される額は、この第一類費と第二類費を合算した生活扶助基準額と、その世帯収入について一定の方法で算定した額（収入認定額）との差額となっている。もちろん、これは最も単純な場合であり、その他に生活扶助基準に加算がある場合や生活扶助以外の扶助が出る場合など、実際に支給される額は、それぞれの世帯の実際の必要に応じて算出される(3)。

さて、現行の生活扶助基準の水準の妥当性については、社会保障審議会福祉部会に設けられた「生活保護制度の在り方に関する専門委員会」（委員長＝岩田正美）が平成十六（二〇〇四）年十二月にまとめた報告書では、次のように述べられている。

「いわゆる水準均衡方式を前提とする手法により、勤労三人世帯の生活扶助基準について、低所得世帯の消費支出額との比較において検証・評価した結果、その水準は基本的に妥当であったが、今後、生活扶助基準と一般低所得世帯の消費実態との均衡が適切に図られているか否かを定期的に見極めるため、全国消費実態調査等を基に五年に一度の頻度で検証を行う必要がある(4)（傍点は引用者）」。

そこで今般、五年に一度、実施されている直近の全国消費実態調査（二〇〇七年三月以降の特別集計）の結果を用いて検討・評価する準備が整ったことから、学識経験者によって専門的な分析・検討を行うため、「生活扶助基準に関する検討会」（座長＝樋口美雄）が設けられた。もちろん、こうした検討の時代的背景としては、平成十八年の経済財政諮問会議「経済財政運営と構造改革に関する基本方針二〇〇六」による級地を含めた生活扶助基準の見直し等の必要性の指摘があったことがあげられる。

この指摘に関しては、次の四点があり、可能な限り二〇〇七年度に、間に合わないものについても二〇〇八年度には確実に実施することとされた。

第一点は、生活扶助基準について、低所得世帯の消費実態等をふまえた見直しを行うことである。

第二点は、母子加算について就労支援策を講じつつ廃止を含めた見直しを行うことである。

第三点は、級地の見直しを行うことである。

第四点は、自宅を保有している者について、リバースモゲージを利用した貸付け等を優先することである。

以上の四点をふまえて、生活扶助基準に関する検討会は、①水準の妥当性、②体系の妥当性、③地域差の妥当性、④その他（勤労控除の検証など）について専門的検討を行った。

本節では、その細部にわたる検討作業について紹介する余裕がないので、主な検証結果のみにふれてみたい。

なお今回の検討会では、前回の検討と同様に被保護世帯のうち三人世帯（男三十三歳、女二十九歳、子四歳の夫婦子一人）を標準としたもの、その割合が五・五％（平成十八年度平均）に過ぎないので、被保護世帯の七四・二％（平成十八年度平均）を占める単身世帯にも着目し、生活扶助基準額と年間収入階級第1・十分位の低所得世帯とを比較したところが特徴的である。[5]

1　水準の妥当性

現行の生活扶助基準の水準については、国民の消費実態との均衡を維持調整する水準均衡方式を採用している。

生活扶助基準の水準を評価・検討する方法としては、低所得世帯（年間収入階級第1・十分位）に着目して、その消費支出額の水準と生活扶助基準を比較している。

その結果としては、図8-1-1のように現行の生活扶助基準額の水準（図8-1-1の左側）は生活扶助相当支出額の水準（図8-1-1の右側）に比べ、第一に夫婦子一人世帯ではやや高めに、第二に単身世帯では高めになっている。なお第1・五分位であると相違した結果となっているが、従来どおり、低所得世帯は年間収入第1・十分位をとるのが適当とすれば、生活扶助基準額をやや抑えるか、従来どおりにするかは微妙な政策判断を要する。

2　体系の妥当性

現行の生活扶助基準は、世帯の個人的経費（第一類費）と世帯共通経費（第二類費）とを合算して算出している。

今回の検証の結果、個人的経費とされている第一類費においても、世帯人員に応じたスケールメリットが生じていることが確認され、第一類費のスケールメリットを反映していない現在の世帯人員別の生活扶助基準額、四人以上の多人数世帯の有利となっている（図8-1-2参照）。

そこで、生活保護受給者の四分の三が単身世帯であることから単身世帯に着目した基準体系とすることが提言されている。

図表 8 - 1 - 1　現行の生活扶助基準額（■）と生活扶助相当支出額（■）との比較

①夫婦子１人世帯（有業者あり）　　②単身世帯（60歳以上）

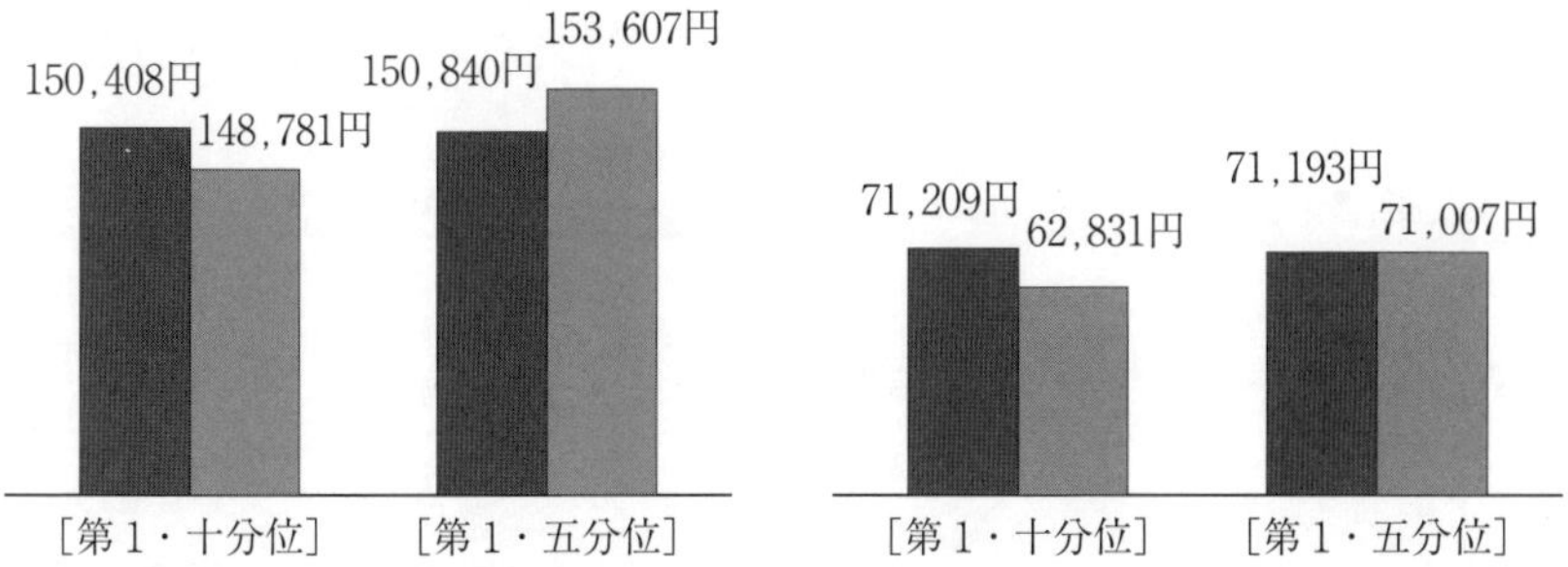

資料：平成16年全国消費実態調査特別集計（①，②共通）。
出典：厚生労働省生活扶助基準に関する検討会報告書のポイント（平成16年11月20日）。

図表 8 - 1 - 2　世帯人員別にみた消費支出額と生活扶助基準額の比較

（世帯人員が１人の世帯の生活扶助基準額および生活扶助相当支出を１とした場合の比率）

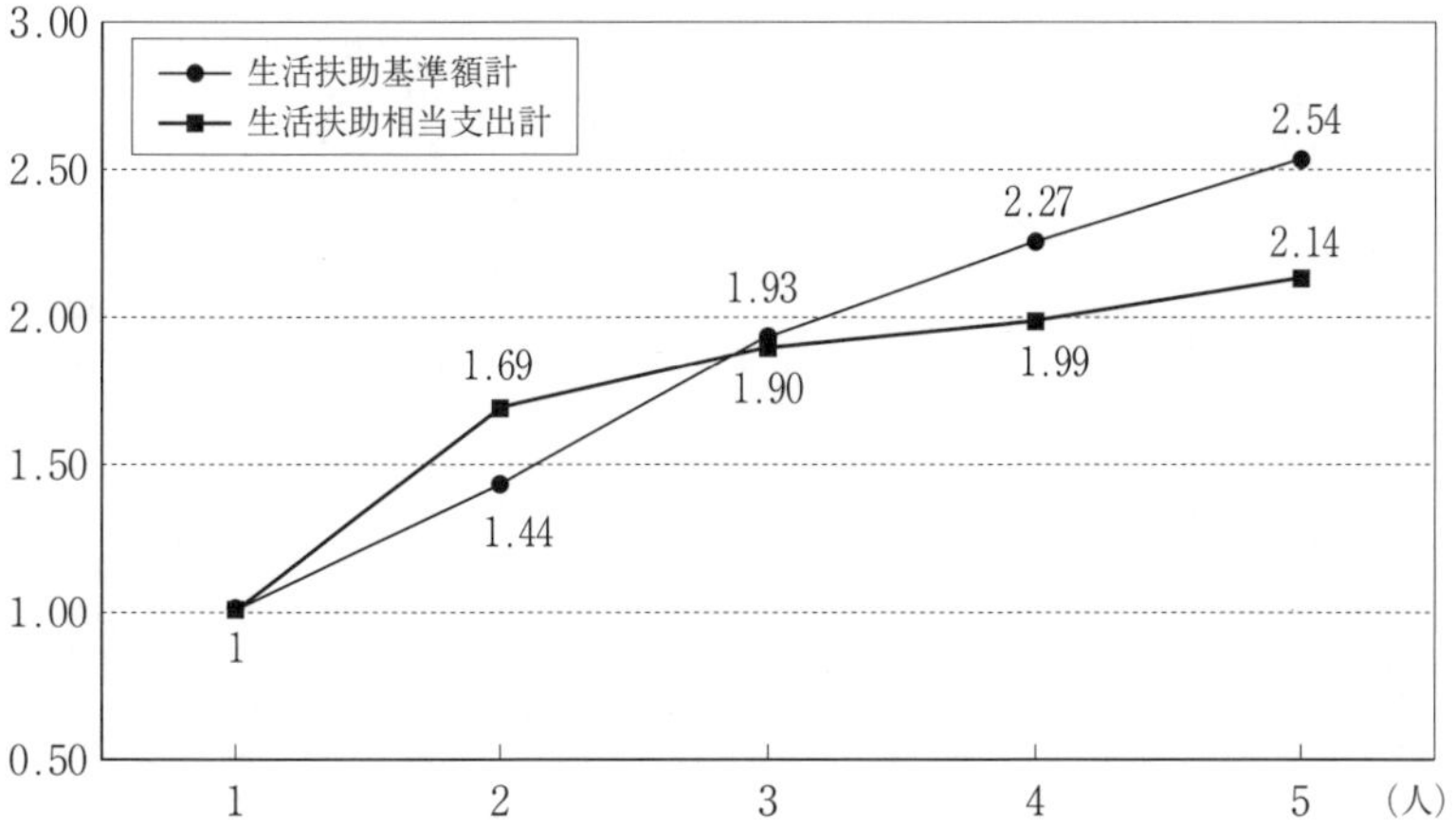

注：「生活扶助相当支出計」は世帯人員別の年間収入階級第１・五分位に属する世帯の平均額。
資料：平成16年全国消費実態調査特別集計。
出典：図 8 - 1 - 1 と同じ。

図表8－1－3　級地別にみた消費支出額と生活扶助基準額の比較
２人以上全世帯（１人当たり），年間収入第１～３・五分位

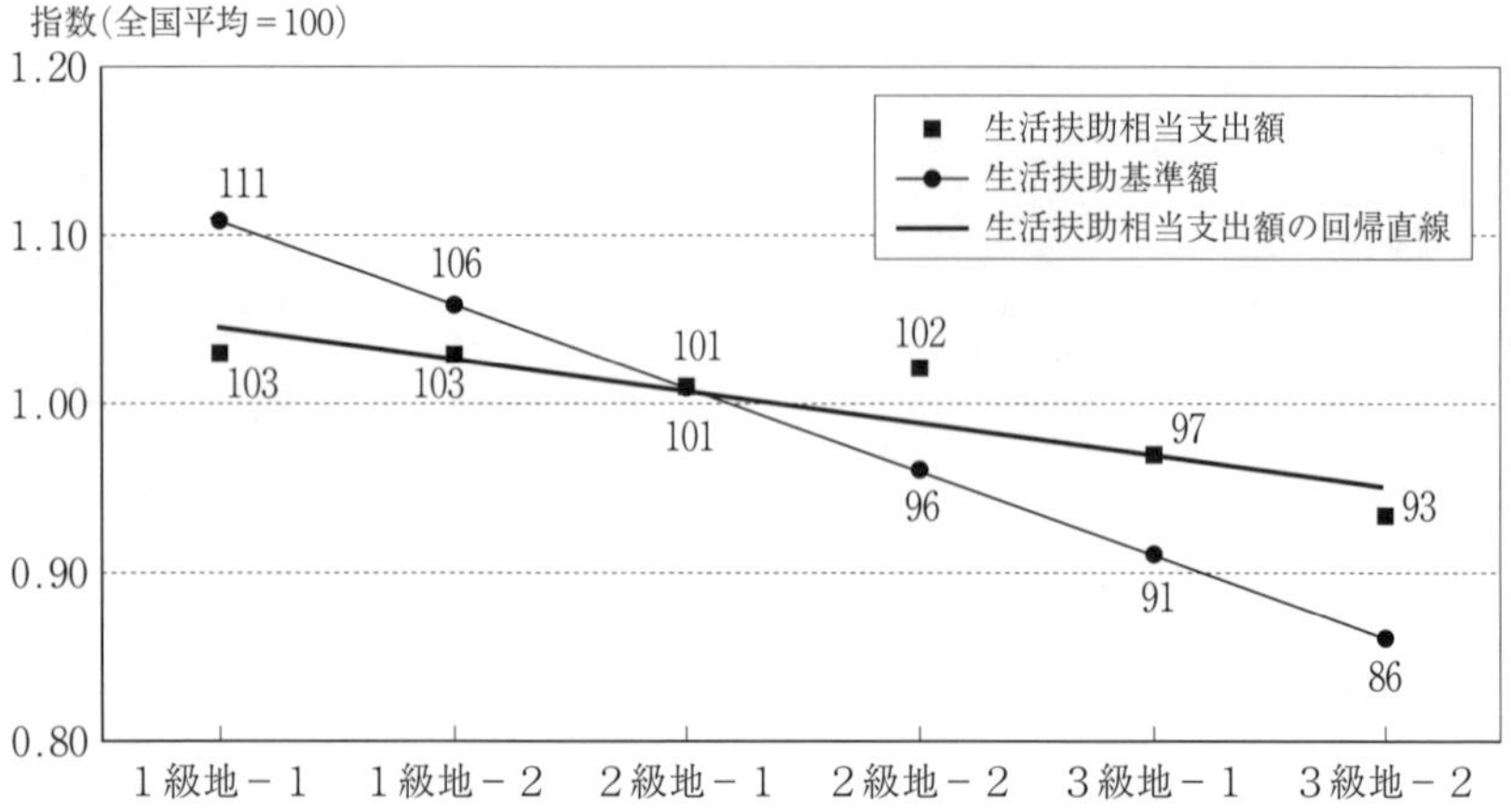

注：「生活扶助相当支出額」は，年間収入階級第１～３・五分位に属する世帯の１人当たりの生活扶助相当支出額。
資料：平成16年全国消費実態調査特別集計。
出典：図8－1－1と同じ。

3　地域差の妥当性

現行の地域差は、厚生労働大臣が定める級地制度に基づいており、それは地域における生活様式や物価差による生活水準の差を反映させるために認定されている。

現在の級地区分は六区分で一級地――一と三級地――二の間は二二・五の差がつけられている。

今回の検討の結果、図表8－1－3のように、現行の級地別の生活扶助基準額の地域差に比較して、地域間の生活扶助相当支出額の差は縮少していることが分かり、一級地などの基準を下げることが検討されている。

4　その他（勤労控除）

現行の勤労控除は、生活保護受給者が勤労収入を得ているとされ、その一定限度を手元に残すものであり、第一に勤労に伴う必要経費を補填するとともに、第二に勤労意欲の増進及び自立の助長を図るこ

図表 8－1－4　現行の勤労控除の概要

○就労収入8,000円までは全額控除
○就労収入240,000円の基礎控除額33,190円が上限

就労収入別にみた基礎控除額・控除率（1級地－1の場合）

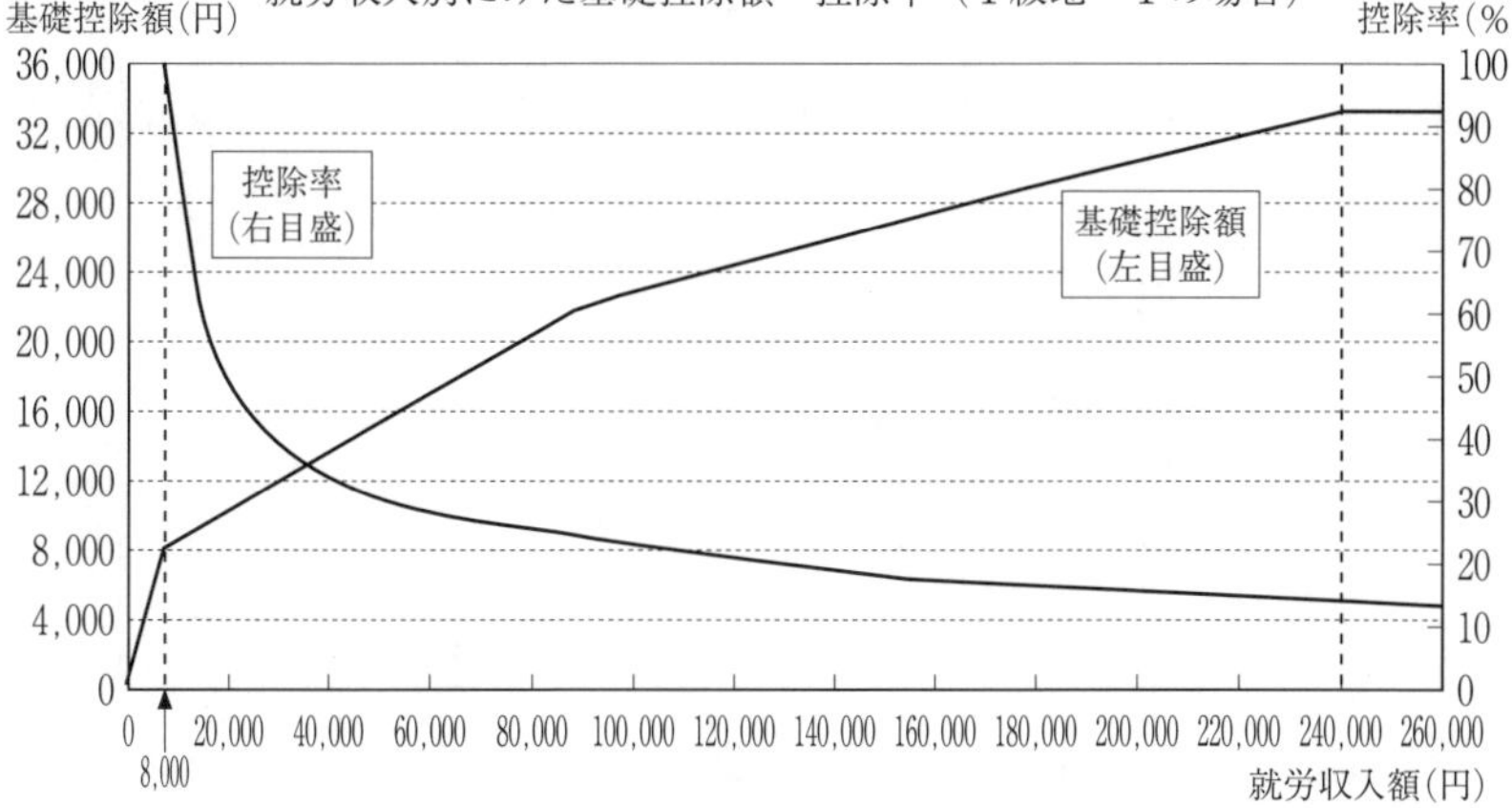

就労収入額	8,000円	50,000円	100,000円	150,000円	200,000円	240,000円	260,000円
基礎控除額	8,000円	15,220円	23,220円	26,660円	30,380円	33,190円	33,190円
控　除　率	100.0%	30.4%	23.2%	17.8%	15.2%	13.8%	12.8%

出典：図8－1－1と同じ。

とを目的とする制度となっている。

今回の検証の結果、勤労と関連する経費の実態をみると、収入の一割程度となっている（図表8－1－4参照）。

そこで、勤労控除に関する議論を整理すると、次の三点をふまえた検討を行い、勤労意欲を一層増進する工夫を図るべきであるとされた。

第一に、収入増により保護費が減額されると勤労意欲を阻害するので、勤労収入の一定程度を手元に残すこと。

第二に、特に保護からの脱却に資する仕組みを検討すべきこと。

第三に、勤労意欲を高める仕組みについての実証的な検討を行うこと。

以上、1～4の四点に関し優れて実証的な検証の結果を生かし、従来とかく生活保護制度を死守する姿勢から勢い体系

と基準の見直しを避ける傾向があったことを見つめ直し、二十一世紀の公的扶助にふさわしく、生活扶助を中心に生活保護について、今日的に合理的で国民が納得できる体系と基準に改正していく必要がある。
その際、生活扶助の基準を決定する権限が国から地方へ地方分権化されれば、市民の生活実感に近いよりキメ細かな実証的検討がなされるにちがいない。

第二節　医療扶助の在り方

医療扶助は財政的には生活保護費の半分を超える規模であり、高齢社会の著しい進展の中で、急上昇する老人医療費の適正化は生活保護の大きな課題である。もちろん国の指導いかんで、適正化がしばしば地方での抑制化になることは避けねばならないものの、生活習慣病予防、在院日数の短縮と在宅医療の推進、終末期医療（ターミナルケア）の改善などといった医療改革により医療費全体の適正化の一環として、医療扶助の適正化が図られなければならない。

それにしても、欧米諸国と同様に医療政策は都道府県か広域市町村で対応するのが、最も合理的である。(6)そのため広域医療圏域を形成する必要があるが、一方で国民健康保険は市町村主義に偏っており、他方で医療扶助も必ずしもそうなっていない。

現行生活保護法では医療扶助に関して、扶助と同様に財政負担について、国が四分の三を、市区または都道府県が四分の一となっていて、既に述べたように、都道府県は町村部の二割相当しか対応しないので、大部分の医療扶助は国と市区で対応せざるを得なくなっている。

図表8-2-1　医療扶助と国民健康保険・介護保険の負担割合

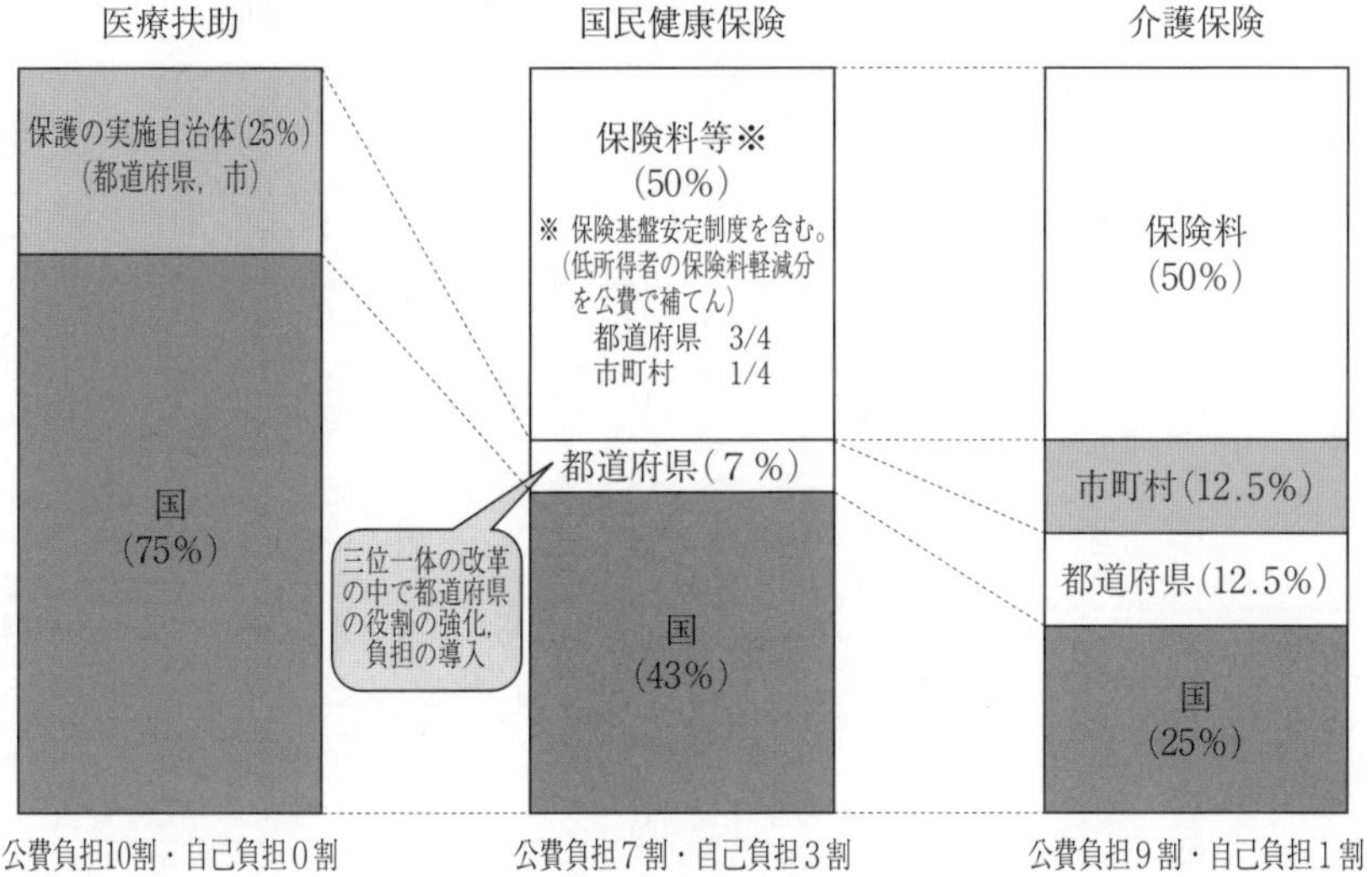

その点で、病院の配置状況は在宅医療の状況など地域の医療供給体制に合わせて、都道府県に医療扶助の権限と財源をもう少し持たせるべきではないかというのが私見であり、また、厚生労働省試案（修正案）でもあった。厚生労働省試案は、こと医療扶助の在り方の原案と修正案に関して全く同じ考え方に基づいている（図表8-2-1）。

ちなみに医療扶助と国民健康保険と介護保険とにおける国の補助率を比較してみると、筆者が作成した図表8-2-1のように、医療扶助は七五%（四分の三）であり、国民健康保険は四三%、介護保険は二五%とかなりの格差があり、果たして医療扶助の国の補助率を現在のままでよいのか問題点は残っている。

今回の関係者協議会でも医療扶助の内容があまり詳しく検討されなかったのは残念であるが、第一に高齢者と障害者が多いこと、第二に都市部が多いこと、第三に入院の比率が金額的にも圧倒的に高いことなどが指摘されているので、広域的な医療政策で医療扶助の適正化を行えば、過度な医療扶助の給付は大幅に避けられることだろう。

また、市町村の国民健康保険財政が厳しいので当面は無理だが、国民皆保険の理念に基づき、介護扶助と同様に、被保護者が医療扶助を受けたが故に、国民健康保険から抜かず、国民健康保険料を生活扶助に加算し、利用者負担のみを狭義の医療扶助とし、残りを国民健康保険から給付すれば、国も地方も医療扶助の財政負担は楽になる。もちろん、その分市町村の国民健康保険財政は芳しくなくなるので、この際、医療扶助改革の一環として、市町村の国民健康保険をおおむね都道府県ごとに統合するか、都道府県へ移管するかして、昨年度に国から都道府県への医療費財源を七千億円移譲した以上に、さらに権限も財源も移譲すれば、かなり状況も変化してくるのではなかろうか。

被保険者（保険加入者）自身の医療意識改革も図られ、どんな病気でも大病院を目指す考えを改め、市民意識も地元の主治医を大切に考え、在宅医療をできるだけ選択するようになれば、全国知事会、全国市長会が主張するように「医療扶助の適正化が都道府県の目的ではない」とか「医療扶助への都道府県負担の導入は地方への単なる負担の押し付け(7)」などと、かたくなに拒否しないで、国と都道府県が相互に理解し合い協力して、あるべき医療制度改革の一環として医療扶助の適正化を行うことは何ら差し支えないのではなかろうか。

第三節　国と地方の在るべき関係

以上、主として生活保護の生活扶助と医療扶助について、るる述べてきたが、他の種々の扶助には欧米

図表8－3－1　保護率と医療扶助保護率との相関（平成15年）

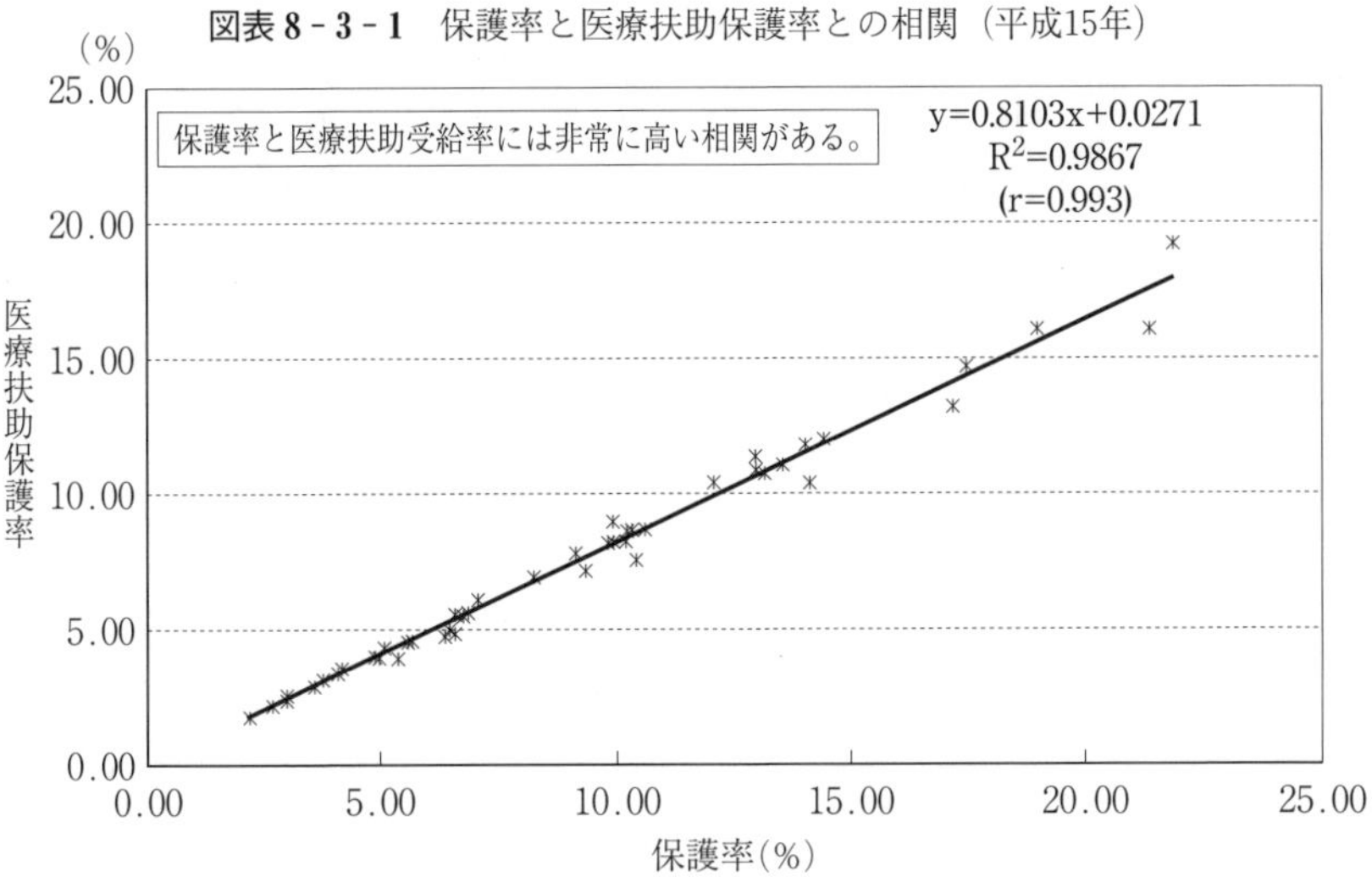

※医療扶助保護率＝人口千対医療扶助受給者数
資料：生活保護費及び児童扶養手当に関する関係者協議会　第3回共同部会資料（平成17年9月8日）。

諸国に見習い、地方交付税交付金などで、一般財源化を図ることも提案したい。

生活保護における生活援助と医療扶助は、外の扶助と比べて、その割合が圧倒的に高いばかりでなく、相互に密着した関係にあり、保護率と医療扶助受給率には非常に高い相関（r＝0.993）があり、保護率が高い地域は医療扶助受給率が高く、逆に医療扶助率が高い地域は保護率が高いという関係がある（図表8－3－1）。その点で医療扶助は外の援助と違った位置付けとなる。

例えば既にみた住宅扶助に関し、その創設の趣旨として「住宅事情が全国的に見て極めて不均等であるために、家賃にも一定の法則的な傾向なく一般の物価水準とも異なる高低の状況を示しているので、これを分離して個別的に取り扱うことによりその保障される住居の実質的内容を努めて均等化させようとする（略）が、この趣旨に忠実ならんとすれば勢い基準を細分化させることが必要となってくる」[8]。

こうした扶助は、地方分権化の方向で都道府県が市に基準や給付を任せた方が今日、合理的な行政といえるのではないか。

また、生業扶助については制度発足時より「中途半端な施策」との指摘があり、小山進次郎氏は次のように欠点を喝破していた。「英米における公的扶助制度の歴史をみると、生業扶助的施策は余り成功せず、結局職業補導に吸収されて了って居り、生業扶助として独自の役割を果たしている例に乏しいことを知るのである。（中略）世界的な傾向〔生業扶助を廃止して生活扶助か職業補導に割り切る傾向―引用者〕に対して生業扶助の必要性を根拠づけることは容易な業ではなかったが、我が国の現状を基礎として考えれば、生業扶助はやはり必要だとの結論に達せざるを得なかった」[9]。こうした扶助の時代背景とその現実的態様をかんがみれば、二十一世紀の今日、都道府県の責任と権限で対応するべきで、むしろ職業指導の強化を図るべきであろう。もちろん高校生への教育扶助が義務教育が中学までという現状ではできず、生業扶助で対応せざるを得ないなど生業扶助の今日的役割についてはさらに検討が必要である。

最後に葬祭扶助は、新生活保護法で地方自治体による葬祭費の支給と分けられていたものをまとめて一本化した実務上の便宜で創設されたが、各地方の地域特性や慣習などを考慮して、都道府県にとどまらず、市町村ごとの責任で実施するのが当然なのではないか。

私が関係者協議会で地方六団体の激しい怒りを買った次の発言については、誤解のないように述べれば、全国知事会や全国市長会がそう考えているとか、そう述べたということではなく、しばしばマスコミ等でおおげさにゆがめられて語られる一部の地方自治体の批判をしたのである。

すなわち、「3、生活保護を福祉の最前線で、市民に対する有益な業務であり、地域福祉の原点ととらえる必要もあり、国の〝下請け〟ととらえることは誤りである。4、市民への〝最低生活の保障〟の責任から逃げ、〝国の責任〟のみを強調する地方自治体の姿勢は、生活保護に関する地方の責任を曖昧にして〝貧困者〟を切り捨てる地方行政ととらえられかねない。5、二十一世紀の今日、生活保護と他方他施策を一体的、総合的、斉合的に動員してこそ、地域福祉の充実が図れるし、〝自立助長の支援〟〝被保護からの脱却〟という生活保護の目的も達成される」[10]。

このやや過激な批判に対して、第九回関係者協議会で全国知事会、全国市長会は次のように反論されたが、私としては、それに対してはむしろ大変共感しており、地方自治体の首長の健全な姿勢に頭が下がる思いである。

「地方自治体として、生活保護の実施について、法定受託事務であるから〝国の下請け〟などという考えは毛頭ない。また、我々は生活保護の実施機関として、住民への最低生活の保障の責任を果たすため、〝当然国が果たすべき責任〟について言及しているのであり、生活保護に関する地方の責任を曖昧にして、〝貧困者〟を切り捨てるようなことを主張したことはないことを改めて申し上げておく」[11]。

近い将来、社会保険と並んで二十一世紀の社会保障の大黒柱として公的扶助の在り方を、国際比較や地方行政の実状把握などを積極的に行い、今回はかつての検討会に比べて十分に議論できなかった福祉事務所等の実施体制の在り方について、今後別途調査研究しつつ、ぜひとも共に政策科学的に研究し、二十一世紀の新しい社会保障理念から生活保護法の名称を「自立生活支援法」あるいは「生活福祉法」などと変更することを含めて、抜本的に検討していきたいと祈願していることはお伝えしたい。

図表8－4－1　保護施設の年次推移

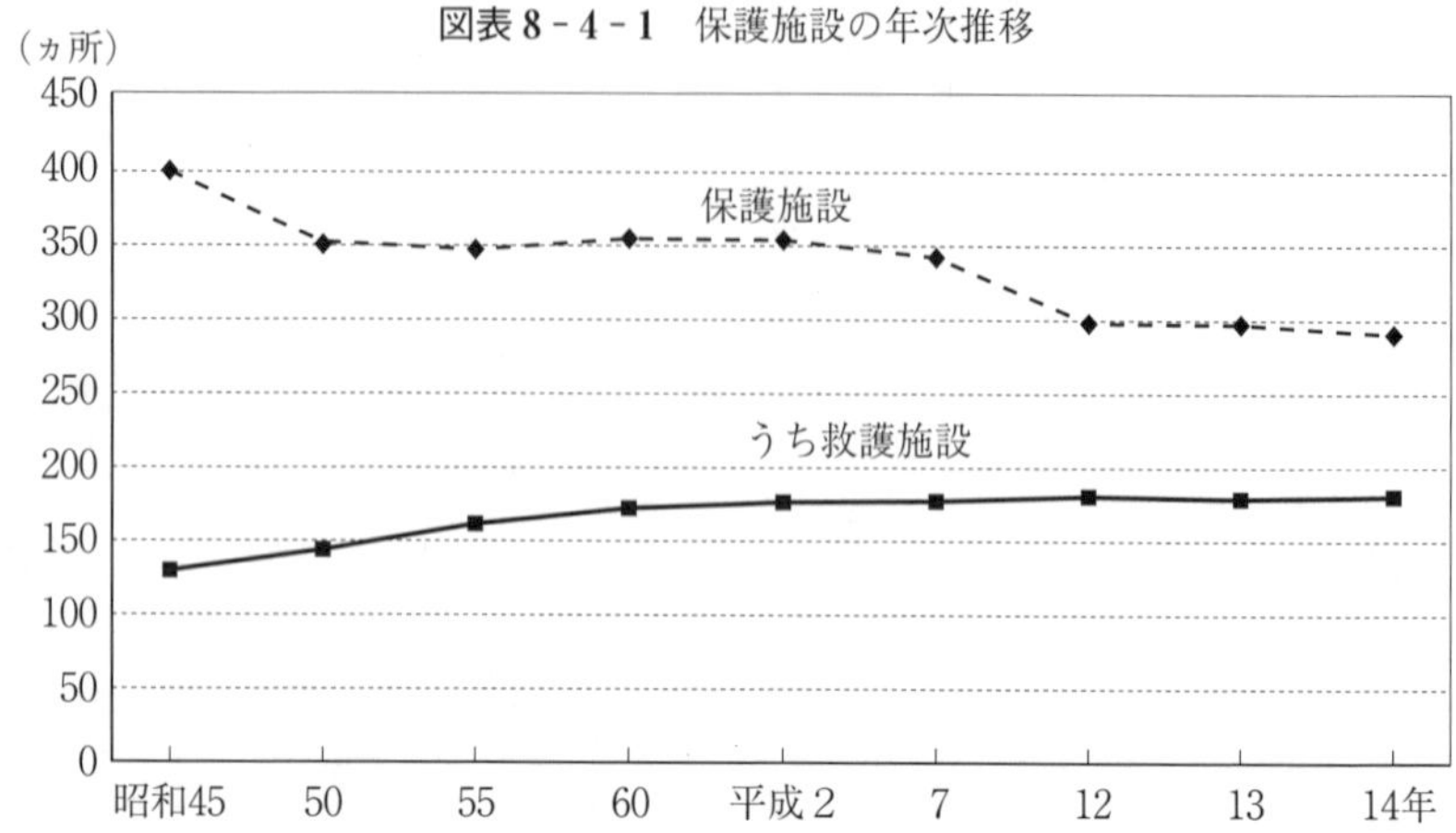

出典：厚生労働省社会・援護局保護課（2005）作成の資料を基に改変。
資料：「社会福祉施設等調査報告」厚生労働省大臣官房統計情報部（各年10月1日現在）。

第四節　救護施設の在り方

わが国の生活保護制度は、居宅保護とともに施設保護の機能を有している。居宅保護については既に各種扶助体系でふれたが、本節では施設保護（救護施設・更生施設・医療保護施設・授産施設・宿所提供施設）についても少し述べておきたい。ところで施設保護のうち最も歴史的にも大きな役割を発揮してきたし、その機能の見直しが提起されつつも現在最も存在感のあるのは、救護施設である（図表8－4－1）。

救護施設とは「身体上又は精神上著しい障害があるために、日常生活を営むことが困難な要保護者を入所させて、生活扶助を行うことを目的とする施設」（生活保護法第三十八条第二項）である。

しかしながら救護施設の在り方については簡単に政策的結論を出せないのである。他の社会福祉施設に比べると、明らかに生活保護法に基づく施設という規定が残っているところが特徴であり、加えて第一種社会福祉事業に位置付けられ、生活保護法以外の福祉五法が独立する中で、いわば取り残された分野を担当する施設という性格を持っている。こういう社会福祉事業は、ほかにはあまりない。特に病院などで対応できない精神障害のある方々や特別に複雑な問題を抱えている方々をお世話している点では大変に貴重な存在といえる（図表8－4－2）。ただし、生活保護施設であるために国の補助率は四分の三と高いところが特徴である（図表8－4－3）。高齢者や障害者の施設では、現在のところ国の補助率は二分の一となっているものの、障害別・年齢別では非常に措置費（単価）を上げていった経緯も参考にされるべきである。

さて救護施設に対して、もう少し今日的な光を当てるためには、政策理論的にはいろいろな検討が必要だが、この際、例えば生活保護法から独立して、社会福祉法の社会福祉施設として措置費（予算単価）を上げるということや、精神障害者が圧倒的に多い施設は社会復帰施設に格上げすることが考えられる。いずれにせよ救護施設を含めて、保護施設に関しては、次の二点の政策的論点がある。

第一点は、救護施設等は要保護者のための施設であるが、他法の専門的施設が充実してきているのだから、他法の施設に移っていくべきではないかという論点である。

第二点は、社会福祉基礎構造改革が始まって措置制度から利用契約制度に移行した施設に被保護者が入所していることを鑑《かんが》みれば、保護施設も利用契約制度に移行できるのではないかという論点である。

第一の論点と第二の論点は次元が異なり、保護施設は必ずしも利用契約制度になじまないとしても他法他施策に位置付け直し、より充実を図ることは十分に可能である。福祉五法並びに精神保健福祉法、いいかえれば今日的な福祉六法もその大部分は旧生活保護法に母体を持ち、そこから順次独立していった経緯（ただし精神保健福祉法は精神衛生法が母体）を考えれば、二十一世紀の今日、当然生活保護法から離脱して

図表８-４-２　被保護者の施設別入所状況（平成14年）

（単位：人）

入所している被保護者数	うち救護施設等
54,540 (100.0％)	17,560 (32.2％)
32,270	6,640
1,810	20
10,100	5,860
7,830	4,370
2,530	670

施設に入所している被保護者は54,540人。

そのうち，32.2％が救護施設，厚生施設等に入所しており，残りは，介護保険施設（42.8％），その他施設（障害者施設等）

注：救護施設等：救護施設，更生施設等に入所している場合をさす。
資料：被保護者全国一斉調査（個別）（平成14年）。
出典：厚生労働省社会・援護局保護課（2005）作成の資料を基に改変。

図表８-４-３　保護施設の概要（根拠条文および補助率）

施設種別	目的	根拠条文	補助の有無				
			運営費(措置費)		整備費		
			国	県(市)	国	県	設置者
救護施設	身体上又は精神上著しい障害があるために日常生活を営むことが困難な要保護者を入所させて，生活扶助を行うことを目的とする施設	生活保護法第38条第１項１号	3/4	1/4	1/2	1/4	1/4
更生施設	身体上又は精神上の理由により養護及び生活指導を必要とする要保護者を入所させて，生活扶助を行うことを目的とする施設	生活保護法第38条第１項２号	3/4	1/4	1/2	1/4	1/4
医療保護施設	医療を必要とする要保護者に対して，医療の給付を行うことを目的とする施設	生活保護法第38条第１項３号	診療報酬		—	—	10/10
授産施設	身体上若しくは精神上の理由又は世帯の事情により就業能力の限られている要保護者に対して，就労又は技能の修得のために必要な機会及び便宜を与えて，その自立を助長することを目的とする施設	生活保護法第38条第１項４号	3/4	1/4	1/2	1/4	1/4
宿所提供施設	住居のない要保護者の世帯に対して，住宅扶助を行うことを目的とする施設	生活保護法第38条第１項５号	3/4	1/4	1/2	1/4	1/4

出典：厚生労働省社会・援護局保護課（2005）調べ。

しかるべき法制的位置付けがされるべきである。

保護施設のいわば福祉力をいかに引き出すかを追求すると、精神障害者の被保護者の場合は特別養護老人ホームの被保護者と同様に保護施設からむしろ脱皮する道も十分に検討に値する。最終的には救護施設も社会復帰施設的なものになるということである。国の補助率も現在の四分の三ではなく、地方の負担を増やし、施設と同様に二分の一にしても地方行政（特に都道府県・政令指定都市）ともう少し密着すれば、そのほうがよいのではなかろうか。社会復帰が可能な人は復帰できるようにして、地域密着型サービスとしてグループハウス（またはグループホーム）などへ再編成していくことも考えられる。[12]例えば、就労の斡旋についても、私は旧厚生省と旧労働省が合併した厚生労働省ができてから、その対応に期待しているが、ともかく障害者の就労というと、一方で旧厚生省は福祉的支援は一所懸命するけれども、一般就労には顔を向けず、他方で旧労働省は一般就労には一所懸命だけれども、福祉的就労とのつながりは考えていなかったという悲しい過去を背負ってきている。精神障害のある方でも、例えば超フレックスタイム制というようにして、夜中起きて仕事をする人は仕事をして、週二回しか働かない人は二回にする、自由な時間で働けるものは技術、技能、能力を生かしてそれが喜びになるような、そのような仕事や雇用の機会をもっと増やさなくてはいけないのではないか。そのために新しい救護施設には、入所者の就労支援を援助できる社会福祉士や精神保健福祉士を必置すべきである。いずれにしても、厚生労働省の救護施設に対する政策的指導力をもっと発揮すべきと考える。

さて自立助長という場合単なる経済的自立だけで捉えてはならない。、生活保護（生活扶助）でお金をもらいながら、稼得収入を加えて、地域生活をするということなどは、経済的意味では完全な自立ではないし、自助（自活）でもないけれども、例えば障害者自立支援法でいう広義の自立の一つの形態であると考えてもいいと思う。ちなみに障害年金をもらい、生活保護を一部受けるけれども、自分も少しは働き、それらを合わせて生活も安定すれば自立生活への試みとみていいのではないか[13]。国民皆年金制度がきちんとできているので、すべて生活保護で国民の最低生活を国家が保障するという時代ではなくなっている。例えば救護施設の場合も、ソーシャルワーカー（社会福祉士や精神保健福祉士）に一種のケアマネージャーになってもらい、地域に出た人についても施設にいる人についてもどのようなケアプランを立てられるのかも工夫していく必要がある。生活保護とは最も重要な最低限の国民生活の基礎的保障であるので、救護施設を従来のような生活保護施設のままでなく、どう前向きに改革していくのか二十一世紀の今日、抜本的に検討しなければならない。私はただケチな財政的な視点から国の保護費や負担率を減らすために、救護施設をなんとかするという狭隘な考えは持っておらず、新たに再編された救護施設が拠点となって、保護を受けている人が、もっと人間として尊厳を持って地域で生きていけるような方向に改革していくべきではないだろうかと考えている。

注

（1）京極高宣（二〇〇六）『生活保護改革の視点』全国社会福祉協議会、第三部第八章を大幅に加筆修正し、特に第一節は書きおろしとなっている。

（2）厚生労働省生活扶助基準に関する検討会（二〇〇七）『生活扶助基準に関する検討会報告書』平成十九年十一月三十日、一頁。

(3)　以上は注(2)参照。
(4)　社会保障審議会福祉部会生活保護制度の在り方に関する専門委員会（二〇〇四）『生活保護制度の在り方に関する委員会報告』平成十六年十二月十五日参照。
(5)　以下は、厚生労働省（二〇〇七）「生活扶助基準に関する検討会報告書のポイント」（平成十九年十一月三十日）による。
(6)　最近の医療制度改革で、国民健康保険および職域健康保険は都道府県単位になることが国の方針として出された。
(7)　生活保護費及び児童扶養手当に関する関係者協議会（二〇〇五ａ）「第8回協議会における〝生活保護の適正化について〟および厚生労働大臣発言等に対する意見」二〇〇五年十一月八日。
(8)　小山進次郎（二〇〇四）『（改訂増補）生活保護法の解釈と運用』中央社会福祉協議会、二五三頁、参照。
(9)　同前、二二八頁。
(10)　生活保護費及び児童扶養手当に関する関係者協議会（二〇〇五ｂ）「生活保護の在り方について（メモ）」二〇〇五年十一月八日。
(11)　生活保護費と児童扶養手当に関する関係者協議会（二〇〇五ｃ）「第9回協議会資料」二〇〇五年十一月二十五日。
(12)　救護施設の改革に関しては、旧式でかつマイナーな施設とみられている研究成果や文献が極めて少なく、京極髙宣（二〇〇二）「救護施設はどうあるべきか」（京極髙宣（二〇〇二）『福祉社会を築く』中央法規出版、所収）などが例外的なものである。
(13)　自立の概念としては、京極髙宣（二〇〇一）『この子らを世の光に――糸賀一雄の思想と生涯』ＮＨＫ出版、終章、参照。（第一章、注(17)）と同じ。

参考文献

京極高宣（二〇〇一）『この子らを世の光に――糸賀一雄の思想と生涯』ＮＨＫ出版。

京極高宣（二〇〇二）「救護施設はどうあるべきか」京極高宣『福祉社会を築く』中央法規出版。

全国社会福祉協議会編（二〇〇五）『新版・社会福祉学双書２００５（第６巻）公的扶助論』改訂四版。

生活保護費及び児童扶養手当に関する関係者協議会（二〇〇五ａ）「第８回協議会における〝生活保護の適正化について〟および厚生労働大臣発言等に対する意見」二〇〇五年十一月八日。

生活保護費及び児童扶養手当に関する関係者協議会（二〇〇五ｂ）「生活保護の在り方について（メモ）」二〇〇五年十一月八日。

生活保護費及び児童扶養手当に関する関係者協議会（二〇〇五ｃ）「第９回協議会資料」二〇〇五年十一月八日。

京極高宣（二〇〇六）『生活保護改革の視点』全国社会福祉協議会。

第四部　二十一世紀における生活保護制度と福祉事務所の在り方

第九章　福祉事務所の史的展開と課題[1]

第一節　福祉事務所の歴史的な経緯

福祉事務所の在り方は福祉関係八法改正後の福祉改革論議の焦点の一つである。しかしながら、生活保護のみならず社会福祉全般の見直しを通じて取り組むべき大変難しい政策課題であり、国と地方の役割分担の議論をはじめソーシャルワーク機能と行政機能との関係論議など、きわめて複雑な側面をかかえている問題でもある。本章では、まずはじめに福祉事務所の歴史的経緯をふりかえり、次いで現状（特に郡部福祉事務所）の問題点を浮き彫りにしてみたい。[2]

ところでまことに奇妙なことであるが、福祉事務所に関する専門的な調査研究は戦後初期に福祉事務所が発足した頃にそれなりに進んだが、その後においてはごく散見されるにとどまっている。必ずしも福祉事務所研究というのではないが、実務的な福祉事務所が抱えている諸課題の解決に対して、例えば生活保護百問百答という形での研究成果が当時においてはそれなりに存在する。[3] しかし、高度成長期以降には福祉六法体制との関連で若干議論されたものの、これまでは研究蓄積の極めて乏しい領域であったといえる。(4)また福祉関係八法改正後、今回に至るまでケースワークの在り方や福祉事務所の職員配置等の規制緩和の議論は多少進んでも、また社会福祉制度の再検討がなされても福祉事務所の抜本的改革へ向けての政策的研究は極めて不十分であったし、今も十分ではない。もちろん近年（平成十五年）に社会保障審議会福祉部会「生活保護制度の在り方に関する専門委員会」（委員長＝岩田正美）などで、いくらか検討されたが、自立支援プログラムの作成などの改善等についてはふれられたものの、福祉事務所の構造的在り方の抜本的検討は生活保護改革を視野に入れざるを得ないことから、ほとんどなされなかったといえる。それだけに本章における政策科学的検討は希少価値を有している。

昭和二十年代は、いうまでもなく戦後社会福祉の枠組みが定まった時期である。まず、日本の社会福祉の制度的な確立にとって最も大きな影響を与えたものの一つは、マッカーサー元帥をヘッドとするＧＨＱ（General Headquarters for the Allied Powers 連合国最高司令部、いわゆる占領軍）の方針であった。(5)

具体的にいうと、昭和二十年十二月にＧＨＱが「SCAPIN 404（Supreme Commander for the Allied Powers Instruction 404）」という「救済ならびに福祉計画の件」という覚え書を出し、「最低生活を維持するに不十分な国民を救済する適当な措置」を日本国政府に要求し、さらに昭和二十一年二月にはＧＨＱは「SCAPIN 775」という名で社会福祉の枠組みに関する方針を打ち出した。その中身は大きく三つあって、通常三原則と呼ばれている。すなわち第一に無差別平等の原則、第二に公私分離の原則、第三に国家責任の原則（または、その内容から必要充足の原則ともいう）というのがそれである。(6)

無差別平等の原則というのは、戦前の救済事業が軍人遺族を優先したり、人種・性別・身分・門地その他いろいろなことで差別があったのに対して、低所得の国民としては平等に救済されるべきであるという考え方である。

公私分離の原則というのは、行政学的に厳密にいうと公的責任の原則と呼んだ方がよいかもしれない。特に戦前の低所得者対策においては、方面委員という今日でいう民生委員の制度があり、半ば公《おおやけ》の責任を肩代わりしていた。また、様々なハンディキャップを持った人に対する社会事業は主として民間の善意で行われていて、公はそれに対して一定の補助をするという考え方だった。しかし戦後になって、まず地方の協力を得つつ国の責務として生活保障を行い、民間（私《わたくし》）にそれを任せてはいけないという原則を決めた。その意味で公私分離の原則という言葉は必ずしも正確ではないが、戦前の軍国主義体制のように公私関係が不明確な官民一体の考え方に対して、ＧＨＱはそれを軍国主義の土台をなす草の根保守主義の元兇と位置付けたことから、そうした公的責任の原則を打ち出したむきがあった。

最後の国家責任の原則であるが、生活保障については国家が基本的に最低限度のナショナル・ミニマムの責任を負うということであり、財政事情により国民生活の最低限の必要充足を妨げてはならないことである。

こうした三原則が打ち出されて、さっそく昭和二十一年の四月には、「生活困窮者緊急生活援護要綱」が実施されて動き出す。さらに同年七月には社会事業専任指導職員の設置に関する件ということで、都道府県の社会事業専任職員と方面事業専任職員を活用した方向が出されて、従来、民間の任命ボランティア、すなわち方面委員に頼ってやっていたものに対して、専門職として専任職員（社会福祉主事の前身）の定め、その者の責任で特に公的扶助をやっていこうということがだんだん打ち出されてくるわけである。

また、昭和二十一年九月には、旧生活保護法が制定された。当時はまだ民生委員は市町村の補助機関ということで、市町村長は生活保護の責任を負う実施機関であったが、民生委員はそれを補助するという役目であった。これを占領軍としては大変厳しく批判的にみていたようで、後に述べるように民生委員は協力機関とされたのである。また民生委員令の施行において、民生委員は戦前のように都道府県知事の任命ではなく、保護司が法務大臣の委嘱であるのと同様に、当初は厚生大臣（現在は厚生労働大臣）の委嘱に基づくある種の無給の準国家公務員的性格、実質的には無給の特別職の地方公務員的性格（あるいは任命ボランティア）と位置付けがなされた。

昭和二十一年十一月に日本国憲法が定められ、その施行は翌年の五月三日になったが、最低限度の生活の保障が憲法第二十五条に謳われ、国民の生存権に基づく国の責任が明確に打ち出されることになった。ここにおいて占領軍の「SCAPIN 775」の政治理念が法的に実現されたといえる。しかし同時にそのことによって、戦前行われていた民間社会事業に対する公の関与が厳しく問い直されて、憲法第八十九条との関連では民間社会事業への公金支出打ち切りという形で明確な方針が出される結果となった。これは、後に社会福祉界に非常に大きな問題を投げかけ、一方で公の責任が明確になると同様に、様々な民間社会事業に対して何らかの経済的な援助が必要だったのができなくなってくるということから、行政による措置委託制度（いわゆる福祉措置制度）というシステム、すなわち国や地方の責任で本来行うのだが、それを民間法人（特に社会福祉法人）に委託するという形で措置費（措置委託費）を支給する方式が確立されるわけである。(7)

さて、昭和二十三年四月に児童福祉法（一九四七年）が施行され、昭和二十四年には身体障害者福祉法が、さらに昭和二十五年に新生活保護法が制定されて、いわゆる福祉三法の時代が昭和二十年代後半には確立される。この過程の中で特に従来、生活保護は民生委員としての地元の有志がやっていたが、それを改めて「民生委員事務所（仮称）」が試験的につくられた。その事務所の基幹部分を有給の専任職員（社会福祉主事の前身）によってまかなうという形で、占領軍のいわば方針が浸透していく。

昭和二十五年十月には「社会保障制度に関する勧告」が出され、社会保障制度審議会の名で「民生安定事務所（仮称）」を設ける勧告が出された。その中身は、先ほどの民生委員事務所とほぼ同じであったといわれているが、社会福祉の第一線の現業機関として位置付けられ、都道府県ないしは人口十万の市に保健所の区域に準じておおむね十万人ごとに民生安定事務所を設けることになった。これが後に福祉事務所と呼ばれるようになったものの原型になった。

これが出た直後、次の年にＧＨＱがさらに戦後の福祉行政に対する関与の総仕上げという形で、「福祉行政主要目標に関する提案」で六項目提案を行った。

その中身は、第一に民生委員を公的扶助の責任より除去すること、第二に社会福祉主事制度を創設すること、第三に福祉地区と福祉事務所の設置を行うこと、第四に公私分離、責任分離の措置をとること、第五に社会福祉協議会を創設すること、第六に専門有給吏員の現任訓練と査察指導の実施をすること、ということである。これらが加味されて、従来の社会事業法（昭和十三年）を衣替えする際の社会福祉事業法（昭和二十六年）の「福祉に関する事務所」等の原型となったように思われる。

さて、この第三の提案によって、ほぼ今日の福祉事務所の原型が作られ、さらにその方針に基づいて昭和二十五年三月には早くも職員の現任訓練が行われた。本来なら学校を作って専門的な教育を受けた人を専任の有給吏員として派遣することが望ましいわけであったが、当時まだ大学はおろか専門の学校も全国的にみてもほとんど皆無であり、日本社会事業大学の前身である日本社会事業学校のほかに数校しかない状況では、ともかく現場にいる人達を訓練し直すことが先決であった。厚生省の指導の下で全国ブロック会議を開催して現任訓練をしたといわれている。特に、都道府県に現任訓練係官を設置し、いわゆるケースワーカーである専門有給吏員に対する現任訓練計画を実施し、査察指導係官を同時に置いて指導に努めたわけである。

昭和二十年代の後半では生活保護法を全面改正（昭和二十五年五月）し、民生委員を補助機関ではなくて協力機関に改め、現任訓練をつんだ専門有給吏員（いわゆる社会福祉主事）が生活保護事務の根幹を担うようになった。ちなみに旧生活保護法から現行生活保護法への転換期に新制高校一回生として卒業した村役場の生活保護ケースワーカーだったK氏は次のように貴重な歴史的証言をしている。少し長いが重要なので引用してみたい。「当時は旧生活保護法の時代であり、生活保護費は市町村長が、民生委員と協議の上で決定していた。一年後の昭和二十五年に旧法が全面改正されて、現在の生活保護法になった。その為に保護の実施機関が県市となり、町村は県地方事務所厚生課が担当となった。併し現実には、保護決定に関する調書作成事務も町村厚生係に代行させる事が多かった。従って役場の厚生係は、民生委員と一緒になって、保護世帯の訪問、面接、調査、指導等に相変わらず従事させられた[8]」。

この専門有給吏員は、社会福祉主事の設置に関する法律（昭和二十五年）を制定して、その中で福祉三法の施行事務に従事する職員として位置付けられ、その養成を社会福祉主事資格認定講習会で与えるということになった[9]。

こうした動向を踏まえて昭和二十六年六月に社会福祉事業法が制定・施行され、一応の戦後社会福祉の総決算という形で、社会福祉事業のいわば福祉基盤法として福祉三法（生活保護法・児童福祉法・身体障害者福祉法）を総括するようになった。その中身は、社会福祉事業を一種、二種に分けて列挙主義的に定義し、第一種は入所施設等を中心とするもの、第二種は通所施設を中心とするものということで、国が最も緊急に対応しなくてはいけないものを一種という形で整理したのである。また、社会福祉の行政的な措置義務の実施、つまり福祉に欠けた人に福祉サービスをあてがうということを決定する現業機関として福祉事務所を明確に位置付け、福祉事務所の中に査察指導を行う人（スーパーバイザー）を定め、現業員の現任訓練を行うこととした。他方、社会福祉施設とか社会福祉協議会とか様々な民間の福祉現場があるが、そういう民間社会福祉事業を営む団体に関しては社会福祉法人制度を定めて、措置費を支給しやすい公の支配に属する公益的な法人として位置付けた[10]。

さて、福祉事務所の配置は、おおむね十万人の人口に対して一カ所という形で実施されていったが、当時の厚生省と自治省との間でかなりの綱引きがあったといわれている[11]。旧自治省サイドは基本的に市町村にすべて福祉事務所を置くべきだという意見であったが、それに対して旧厚生省サイドは行政効率的な運営をまず考えて、県ないしは人口十万人以上の市ということで対抗した。結果的には、その妥協案ということになった。市においては将来人口規模が大きくなってくることもあり、市町村も将来的には町村合併で大きくなってくるだろうという予想のもとで、原則として十万人という限定に留保をつけつつ、市においては必置、それ以外の町村については任意で、実際には県が人口十万人に一カ所の割合で郡部福祉事務所として置くということになった。ただし、町村連合の事務組合は、やりたければ許すという形がとられたが実現はしなかった。ＧＨＱの方には、アメリカ流の特別行政区（大森彌氏が注目するスペシャル・ディストリクト）[12]の発想があり、必ずしも市町村のような既存の行政区域とは一致しなくてもよいという考え方があったのかもしれないともいわれている。

しかし、その後、地方自治体が合併され、町村合併が進んで、一万余あった市町村が約千六百に減ってきたが、町村は依然としてわずかながら残っている。しかも人口高齢化、都市化の中で地方分権化と行政改革の中で市町村合併がさらに推進され、市町村数は激減し、都道府県の郡部福祉事務所の役割は急速に低下していくことになる。今日、行政改革の進展下で国の権限を都道府県に、都道府県の権限を市町村にという動きの中では郡部福祉事務所は従来の役割を失い、非常に困難な問題を残しているといえる。昭和二十年代の後半には、「福祉事務所の整備・運営について」（昭和二十八年二月）という社会局の通達が出されて、標準福祉事務所の指定で、福祉事務所の在り方が打ち出され、各都道府県で福祉事務所がどんどんできていったことと、今日の状況はきわめて対称的である。

ちなみに昭和二十八年三月末の実施状況はどうなっていたかというと、福祉事務所は八百十六カ所、地区担当員は七千四百十八名、査察指導員が七百三名であった。また、都道府県、五大都市の本庁における査察指導員、現任訓練係官（現在は名称が変わり指導監督職員）は八百二十六名となっている。

昭和三十年代は、福祉三法時代から、精神薄弱者福祉法（現・知的障害者福祉法）・老人福祉法・母子福祉法（現・母子及び寡婦福祉法）を加えて、いわゆる福祉六法時代への移行期であった。その意味で福祉事務所の機能も福祉三法を司る機関から福祉六法を司る機関に大きく変わったといえる。また新たな三法の追加によって福祉事務所の職員配置については、各福祉六法ごとに新たに分野別専門職が配置されることになった。例えば、昭和三十五年精神薄弱者福祉法（現・知的障害者福祉法）に基づき精神薄弱者福祉司（現・知的障害者福祉司）の設置が、また昭和三十八年老人福祉法に基づき老人福祉指導主事の設置が、さらに昭和三十九年母子福祉法に基づき母子相談員の設置がなされた。これらはすべて福祉六法全体を所管する第一線の現業機関としての個別的専門力量を強化するために設けたものであるが、当時は必ずしも的確な人材が得られるとも限らず、またこれらに対応した職員研修もまだ十分でなかったといえる。少なくとも昭和三十年代には福祉事務職員の個別的専門力量強化の方向のみがかろうじて定められたというべきであろう。

なお、昭和三十九年四月には児童家庭局長第九十二号通知で、「家庭児童相談室の設置運営について」が出され、福祉事務所の地域社会における児童問題や、家庭問題に対する相談機能を拡充するために家庭児童相談室制度の創設およびその組織の体制等が定められた。その意味では昭和三十年代は福祉事務所の質的充実期といえなくもないが、家庭児童相談室は都道府県や大都市部の児童相談所との役割分担が必ずしも明確でなく、また室としても十分に発達しないで今日に至っている。

さて昭和四十年代には、福祉六法時代における内容拡充期、特に「地方の時代[13]」（長州一二）と呼ばれるような社会福祉施設の増設等地方福祉行政が活発に展開された時期となった。福祉事務所の数は、昭和四十年六月一日現在で、千四十六カ所と昭和二十六年の社会福祉事業法実施時点の八百九カ所より、二百三十七カ所増設されたわけである。なおこの間、市町村合併によって郡部福祉事務所は四百七十五カ所から三百八十一カ所と九十四カ所減少し、他方、市部福祉事務所は、三百三十二カ所より六百六十三カ所と三百三十一カ所増設され、町村福祉事務所は二カ所のままとどまった。

したがって、以上全体としてみると、昭和四十年代は福祉事務所のいわば量的拡大の時期といえる。ちなみに厚生省が昭和四十三年から手がけて、三ヵ年計画で達成した人口十万人の標準団体につき六名、全国で約六千名の福祉五法担当現業員の増員措置（地方交付税による裏打ち）がその転機であったといわれている。

ところで昭和四十年代の福祉事務所に関する制度的改善についてみると、おおむね三つの柱がたてられよう。

すなわち、第一の柱は、福祉事務所の標準化についてである。当時、全国各地で福祉事務所が地域の事情等で極めて多様化し、個々バラバラな状況が生じていたのに対して、現業員の増員措置を再度図り、合わせて福祉事務所の標準組織図を設定し、昭和四十五年四月社庶第七十四号通知「福祉事務所における福祉五法の実施体制の整備について」が出された。

第二の柱は、福祉事務所のマンパワー拡充についてである。昭和四十三年三月、社庶第八十二号通知「福祉事務所の現業を行う所員の増員について」が出され、職員配置の拡大が図られるとともに、昭和四十五年四月に社会局長通知第六十九号「社会福祉主事資格認定講習会の指定基準について」で社会福祉主事の資格認定講習会の指定基準を改正し、従来よりも資格認定講習を充実強化し、職員の専門性を高めるように図ったわけである。

第三の柱は、福祉事務所職員の福利厚生についてであり、各種業務内事故や受給者からの暴力等による災害に対して、災害見舞金制度の創設を行ったことである（昭和四十一年四月社会局長通知第九十七号通知「福祉事務所職員災害見舞金制度について」）。

図表9-1-1　福祉事務所運営指針の新旧比較目次

＜福祉事務所運営指針＞の目次	＜新福祉事務所運営指針＞の目次
第1編　福祉事務所の運営管理	第1編　総　　論
第1章　合理的管理法の原則	第1章　福祉事務所の性格と機構
第2章　組 織 管 理	第2章　設 備 管 理
第3章　人 事 管 理	第3章　事 務 管 理
第4章　業 務 管 理	第4章　人 事 管 理
第5章　設 備 管 理	
第2編　所員の任務と態度	第2編　各　　論
第1章　福祉事務所所長	第1章　生活保護法の運営
第2章　指　導　員	第2章　身体障害者福祉法の運営
第3章　面　接　員	第3章　児童福祉法の運営
第4章　地区担当員	第4章　精神薄弱者福祉法の運営
第5章　受　付　員	第5章　老人福祉法の運営
第6章　身体障害者福祉司	第6章　母子福祉法の運営
附　社会福祉統計の手引	第3編　資　　料

出典：全国社会福祉協議会出版部（1971）資料。

以上、昭和三十年代から四十年代にかけて福祉事務所制度の経緯についてみたが、この時代を象徴するものとして、昭和四十六年十月に発刊された『新福祉事務所運営指針[14]』がある。同指針は昭和二十八年に発行された厚生省社会局庶務課編『福祉事務所運営指針[15]』以来、十八年ぶりに発行されたもので、その目次をみても分かるように福祉六法体制の時代状況を反映して内容を一新している（図表9-1-1）。

新指針は、第一に、福祉事務所標準組織図を示し、第二に地域福祉計画の策定を含め総合福祉事務所としての各種管理運営の在り方を具体化し、「頼り甲斐のある明るい福祉事務所という七十年代日本にふさわしいイメージ」（厚生省社会局庶務課長、岸野駿太氏の「監修によせて」）に少しでも近づけるようにという配慮で全編を貫いている。

なお国の動向ではなく、民間ベースでも福祉事務所の在り方について検討がなされ、昭和四十六年五月、全国社会福祉協議会の社会福祉事業法改正研究作業委員会「福祉事務所の将来はいかにあるべきか」では従来の福祉事務所を市町村の下に総合福祉センターとして再構成する「福祉センター構想」が以下の要旨で出されている。

すなわち、福祉センターを人口十万人以上の市に単独の設置義務を課し、それ以下の小さい市町村は、一部事務組合を設立して、「福祉センター」を設置するものとして、①各種施設の設置運営、②保育所等の入所措置、③在宅老人、障害者等へのホームヘルパーの派遣事業、④インフォメーションサービス、⑤各種グループ活動の育成などを行い、国や都道府県による十分な財政的裏付けを行うという当時としてはかなり理想主義的な考えに基づくものであった[16]。

昭和五十年代はおおまかにみて、いわゆる福祉見直しの時代の始まりといえる。周知のとおり、昭和四十八年秋のオイルショック以降、日本経済は低成長時代に入り、政府は深刻な財政危機に陥った。さらに続いて昭和五十年、地方財政逼迫を契機に先進的な地方自治体の福祉行政に対して、〝バラまき福祉〟〝先取り福祉〟などの批判がおこり、福祉見直し論が全国的に話題を呼んだ。特に、従来、社会福祉施設の不足からの施設整備重点主義をとり、在宅福祉サービスについては立ち後れがみられたこと、行政主導型の福祉施策が先行し、市民参加を踏まえた地域福祉施策が不十分なこと、ややもすると市町村長による個別的な思いつきの福祉施策が目につき計画的な行政対応ができなかったことなど、これまでの福祉行政の問題点が指摘された[17]。こうして昭和五十年代に入ると、全般的な福祉見直しの中で、福祉事務所の在り方も再検討され始めることになった。

まず、昭和五十年三月、社庶第四十三号通知「実験福祉事務所の指定について」が出され、全国で十六カ所の福祉事務所が三年間（昭和四十八～五十年度）に実験福祉事務所として指定され、今後の地方福祉行政の要石として福祉五法体制の充実強化等がモデル的に図られることになった。その結果は当時の厚生省社会局保護課調べでは以下のようであったといわれる。

第一に、福祉六法現業活動については、例えば青森県東地方の福祉事務所が総合担当制を採用し、二法以上にわたって福祉の措置を必要とする者に対し、一人の現業員によって幅広い視野からの福祉活動を展開して効率的なサービスを提供した経験などの成果を生み出した。

第二に、現業活動における町村・民生委員等の役割分担については、例えば群馬県桐生市では、比較的元気な一人暮らし高齢者など福祉の措置を伴わない世帯を対象として把握し、民生委員等の民間人と連携を図りながら積極的に福祉増進を推し進める努力を福祉事務所が中心になって払っているなどの試みがなされた。

第三に、地域福祉活動啓発のための関係機関等の連携については、例えば島根県東部その他で、福祉事務所、関係機関、団体等が相互に福祉にかかる役割を理解し、連携協力の重要性が認識され、民間福祉関係団体の活動の活発化を促すなどの二重の成果をあげた。

第四に、老人福祉活動の展開については、例えば東京都小平市などで、老人のための明るいまち推進協議会の設置、老人憲章の制定、老人協力員制度により、老人の社会参加と地域住民の福祉の心を醸成しようとする試みがなされた。

以上の動向を踏まえて、国としても福祉事務所職員の量・質両面の充実を図るべく、昭和五十三年四月社庶第四十二号通知「福祉事務所の福祉五法担当現業員の充足について」が出され、福祉五法担当現業員の新たな配置基準を設定した。さらに昭和五十六年三月に社会局長・児童家庭局長第三十号通知「社会福祉主事の資格に関する科目指定の告示の一部改正及び社会福祉主事資格認定講習会・指定基準の一部改正について」が出され、厚生大臣が指定する科目の改正及び資格認定講習会の指定基準の改正が行われ、社会福祉主事たる福祉事務所職員の資質向上が図られた。また、社会福祉主事の養成機関を適正強化するため、昭和五十九年二月、社庶第十三号通知「社会福祉事業法施行規則の一部を改正する省令の施行について」が出された。

さて、福祉見直しに関しては、昭和五十年代後半臨調および行革審によって、行政改革の一環に社会福祉行政の改革が位置付けられるようになった。特に、昭和五十九年十二月二十九日の閣議決定「行政改革の推進に関する当面の実施方針について」で行革審の「地方公共団体に対する国の関与・必置規制の整理合理化に関する答申」において指摘された地方公共団体に対する国の関与及び地方公共団体に対する国の関与及び地方公共団体の組織等に関する必置規制の整理合理化事項については、所要の法律案を前国会に提出する等答申の趣旨に沿って速やかに措置することとし、その具体的内容は以下のとおりとすることが決まった。すなわち、「福祉に関する事務所については、社会福祉体系全般の見直しを早急に進め、その際、設置基準及び配置基準の法定制の廃止、その内容の見直し等所要の措置を講ずる」とされた。

こうして二十年以上も前から、福祉事務所の在り方については、戦後社会福祉の改革の重点課題の一つに位置付けられるようになっているが、残念ながら現状では改革はほとんどなされないままでいる。いずれにしても、福祉事務所の改革は、本節でみてきたように、社会保障および社会福祉制度全般の見直しの中でその歴史的役割を十分に踏まえつつ、その上で二十一世紀の少子高齢社会を展望した抜本的なものでなければならないと思われる。[18]

第二節　福祉事務所のその後[19]

既にみたように福祉事務所は様々な変遷を経てきたが、周知のごとく生活保護を中心とした骨格は大きくは変わらず今日まできている。

ところで現在は、地方分権化の進展で、一方で市町村行政が保健福祉サービスの担い手となり、他方で地方分権化の推進により都道府県が直轄する領域が極めて狭められてきている。

平成二年の福祉関係八法改正で、平成四年七月に厚生省社会・援護局長通知（社援更第七号）が出され、老人福祉および身体障害者福祉の実施責任は平成五年度から施設福祉を含めてすべて市町村に移譲され、それに伴い、一方で郡部福祉事務所の権限が縮小され、他方で郡部福祉事務所はもちろん市（区）福祉事務所も従来以上に生活保護中心となり、福祉五法関係は保健福祉部の各担当課が所管することになっている。なお都道府県は町村職員研修の実施など町村への技術的支援を行うこととされ、郡部福祉事務所は、老人と身障の両分野を町村に委譲したかわりに、市町村の調整事務を担当することになったことは付記しておきたい。

さらに平成八年になると、「民間活動の規制の改善及び行政事務の合理化のための厚生省関係法律の一部を改正する法律」が六月に成立し、これにより厚生省社会・援護局長通知（社援企第百九号）が六月に出され、規制緩和の下で福祉事務所長の専任規定を削除し、福祉部長等が福祉事務所長を兼務することが可能になった。それまでは、福祉部次長が福祉事務所長を事実上兼務したりしていたことなど各地で福祉事務所長はバラバラであったが、沖縄県などにみられるように、保健部長と福祉事務所長を兼務することや、新潟県などのように更生相談所長を兼務することも可能となった。

こうして地方自治体が自主的・主体的な行政運営により、福祉部局と保健部局との綿密な連携を可能とし、地域における福祉と保健の総合的、一体的な運営の推進、住民サービスの向上を狙いとして行政の効率化が図られたわけである。

また平成十一年十二月の地方分権一括法による改正により、厚生省大臣官房障害保健福祉部、社会・援護局、老人保健福祉局（現・老健局）、児童家庭局の四部局長通知（十二月）において福祉事務所に関し、次の三点が新たに規定された。

第一は、福祉地区の設置数の最低基準を撤廃するとともに、都道府県・政令指定都市は条例により福祉事務所を設置することとされた。

第二に、現業を行う職員の配置数の最低基準を廃止し、その標準を提示することとした。

第三に、指導監督職員および現業員は、その職務の遂行に支障がない場合には、他の社会福祉または保健医療を行うことを妨げない旨の規定を定めたことである。

こうした経緯をたどり平成十二年五月の社会福祉事業法改正（社会福祉法制定）により、市部福祉事務所は原則として福祉六法体制として変わらず、郡部福祉事務所は福祉三法体制（知的障害者福祉を町村に委譲）となっている。特に知的障害者福祉及び障害児福祉に関する事務の権限に関しては都道府県から町村に移譲する旨、平成十五年三月厚生労働省障害保健福祉部長通知により具体的に定められ、都道府県は町村に対する技術的支援等に努めることとされた。

なお平成十四年十月の地方分権改革推進委員会の提言において、町村の福祉事務所の設置（または配置）に係る都道府県知事の同意を要する協議について、廃止の方向で検討を行い、次期社会福祉法改正時に措置されることとされている。

以上の経緯を経た現行の福祉事務所の組織体制は管内人口十万人の場合のおおよそのイメージは図表9－2－1のようである。

また福祉事務所の設置および配置基準については、図表9－2－2のとおりである。従来、福祉事務所については設置数等について法により基準が置かれていたが、地方分権一括法による改正で、それらの基準が改められたことが分かる。

なお、平成十六年十月現在の福祉事務所の設置状況は図表9－2－3のとおりである。

もちろん福祉事務所の在り方に関しては、現状の枠組み内であれ、その機能の見直しが一層必要である。しかしながら職員配置基準および配置状況についてはあまり従来と変化がなく、郡部に関しては生活保護事務所化して福祉五法実施の空洞化現象がみられ、この際、例えば、町村にも福祉事務所の配置を義務付け都道府県の郡部福祉事務所を廃止して町村福祉事務所を設置することを義務付ける制度改革も検討課題とすべき時期にきているのではないかと思われる（図表9－2－4）。

現在、福祉事務所は市町村合併を反映して全体としてやや減少し、市（区）福祉事務所はやや増加しつつある。総務省自治行政局発表（平成十七年）によれば、平成十七年二月三日現在、従来約三千二百あった市町村が約二千三百を切る見込みとなったと伝えている。「市制施行協議済み」および「廃置分合告示

図表 9 - 2 - 1　福祉事務所の組織体制　組織イメージ（管内人口10万人の場合）

①郡部福祉事務所

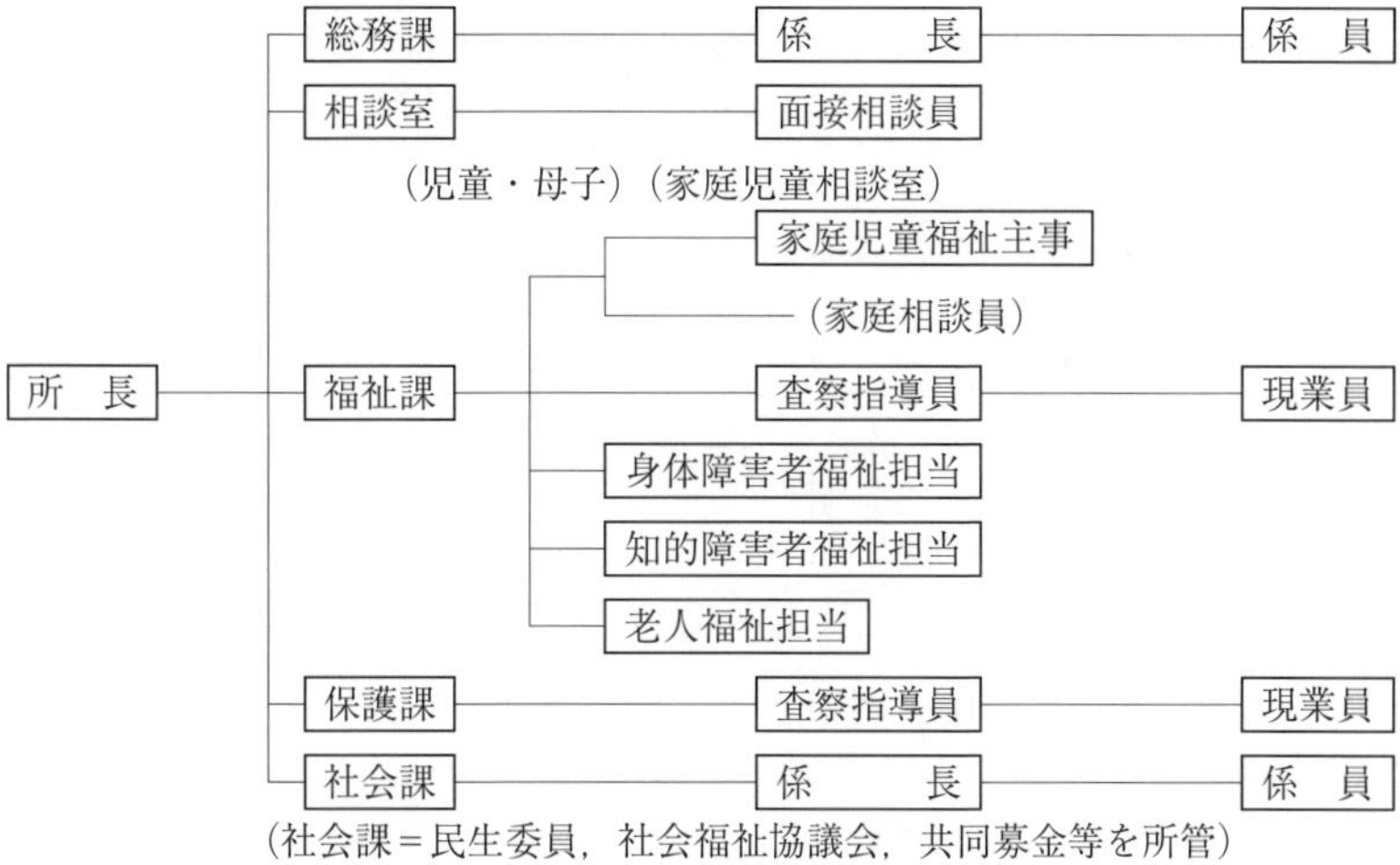

注：身体障害者福祉，老人福祉，知的障害者福祉に関しては，町村に措置権限が委譲されたことにより，現業員は配置されておらず，管内町村の調整機能としての担当者が配置されている。

②市部福祉事務所

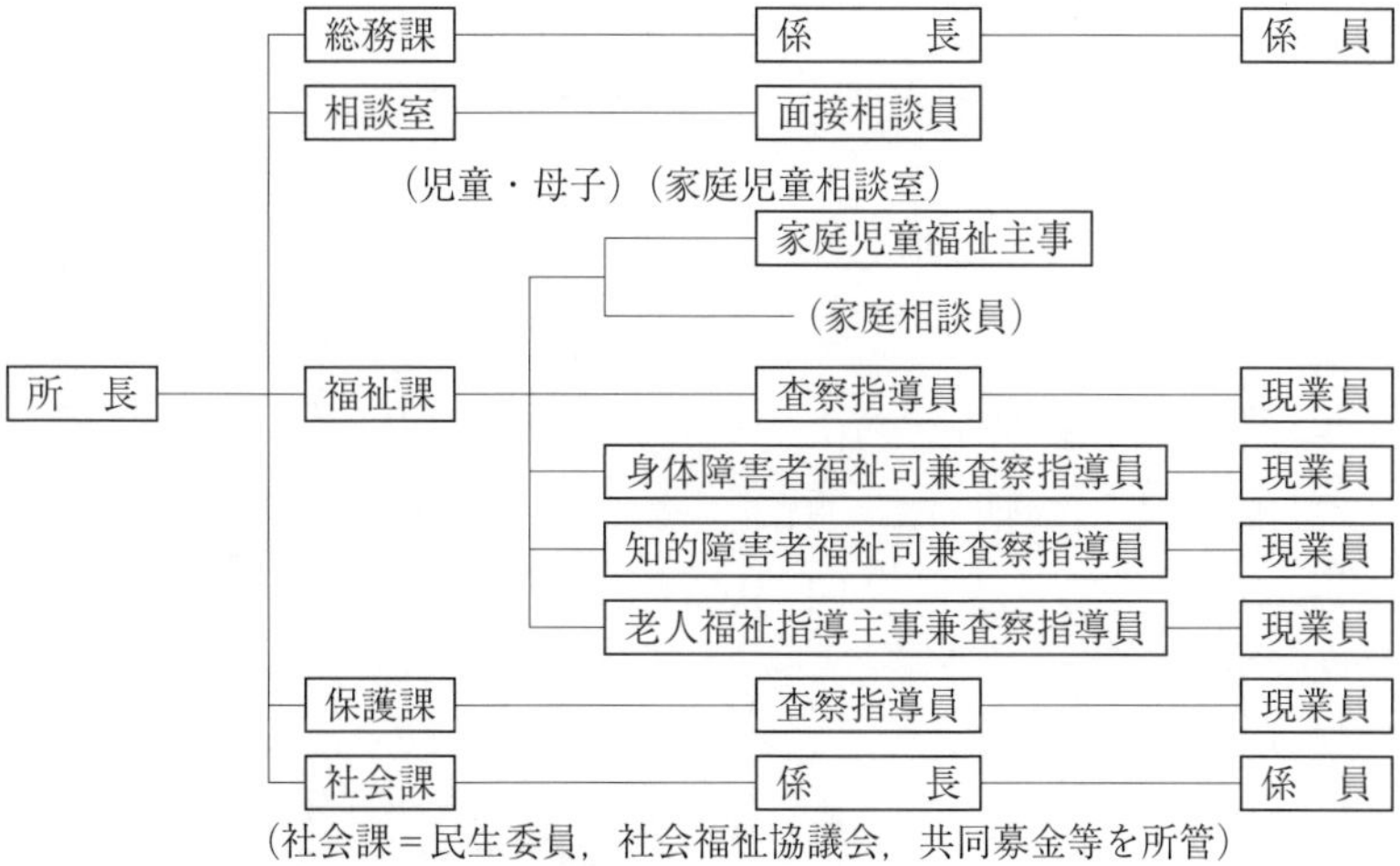

注：身体障害者福祉司，知的障害者福祉司は任意設置。
出典：厚生労働省社会・援護局保護課（2006）調べ。

図表９－２－２　福祉事務所の設置基準

区　分	改　正　前	改　正　後
都道府県 指定都市 特別区	•条例で福祉地区を設け，福祉地区毎に福祉事務所を１か所設置しなければならない。 •福祉地区の数は，人口10万人に１カ所とすること。	•福祉事務所を１か所設置しなければならない。 •設置にあたっては条例を制定すること。 •都道府県又は市の区域内に，いずれの福祉事務所の所管区域にも属さない部分がないようにしなければならないこと。
市	•福祉事務所を１か所のみ設置しなければならない。 •人口20万人以上の市は，条例で福祉地区を設け，福祉地区毎に福祉事務所を１か所設置できる。	

出典：厚生労働省社会・援護局総務課（2006）調べ。

図表９－２－３　福祉事務所の設置予定（平成19年４月１日現在）

区分	設置数	摘　　要
郡部	238	１　市部には，指定都市，特別区を含む。 ２　福祉事務所を設置している町村は， ①　大阪府（一ヶ所） ②　奈良県（一ヶ所） ③　島根県（七ヶ所） ④　広島県（五ヶ所） ⑤　鹿児島県（一ヶ所）
市部	770	
町村	15	
合計	1,023	

出典：厚生労働省社会・援護局総務課（2006）調べ。

済み」の市町村一覧と廃置分合が行われた後の全国市町村数は次のとおりである。

平成十六年四月一日、市六百九十五、町千八百七十二、村五百三十三と、計三千百十だったものが、その後徐々に変化し、市は四十八ヵ所増加し、町は六百四十七ヵ所、村は二百二十一ヵ所減少して、平成十八年三月三十一日（平成十七年二月三日現在見込）で市七百四十三（平成十八年八月現在八百二）、町千二百二十五（同、八百四十四）、村三百二十一（同、千八百四十二）の計二千二百八十九となっている。

こうして平成十六年十月現在の福祉事務所数は、市部九百ヵ所、町村四ヵ所、郡部三百二十一ヵ所となっ

図表 9-2-4　職員配置基準及び配置状況

福祉事務所の専門職種の主要業務及び資格
福祉事務所の専門職種の職員には，必要な資格が定められているほか，必置規制などの規制がかかっている。

職　名	主要業務	配　置		専任規定	資　格
		郡部福祉事務所	市部福祉事務所		
所　長	所務を管理	必置	必置	無★	
査察指導員	福祉事務所現業員の指導監督	必置	必置	有★	•社会福祉主事
現業員	援護・育成・更生を要する者の家庭訪問，面接，調査，保護その他の措置の必要の判断，生活指導等	必置	必置	有★	•社会福祉主事
老人福祉指導主事※	老人福祉に関し，福祉事務所職員への技術的指導 老人福祉に関する情報提供，調査，指導業務のうち，専門的技術を必要とする業務	—	必置	無	•社会福祉主事であって老人福祉行政の推進の中核となるに相応しい者
知的障害者福祉司	知的障害者福祉に関し，福祉事務所職員への技術的指導 知的障害者福祉に関する相談，調査，指導業務のうち，専門的技術を必要とする業務	—	任意	無	•社会福祉主事であって，知的障害者福祉従事経験2年以上の者 •大学において指定科目を履修して卒業した者 •指定校卒業者 •以上準ずる者で障害者福祉司として必要な学識を有する者
身体障害者福祉司	（市町村の身体障害者福祉司）身体障害者福祉に関し，福祉事務所職員への技術的指導 身体障害者福祉に関する相談，調査，指導業務のうち，専門的技術を必要とする業務	—	任意	無	•社会福祉主事であって身体障害者福祉従事経験2年以上の者 •医師 •指定校卒業者 •以上準ずる者で身体障害者福祉司として必要な学識を有する者

無★　福祉事務所長については，平成8年6月まで専任規定があった。
有★　査察指導員及び現業員については，従来から専任規定があり，職務専念義務の例外は「町村に置かれる福祉事務所の現業職員」についてのみ認められていたが，地方分権一括法の改正により，この例外は「全ての福祉事務所に置かれる査察指導員及び現業員」についてまで緩和された。(社会福祉法第17条)
※　老人福祉指導主事とは，老人福祉法第6条に規定する社会福祉主事に対する通知上の名称である。
出典：厚生労働省社会・援護局総務課（2006）調べ。

図表９－２－５　福祉事務所の概況

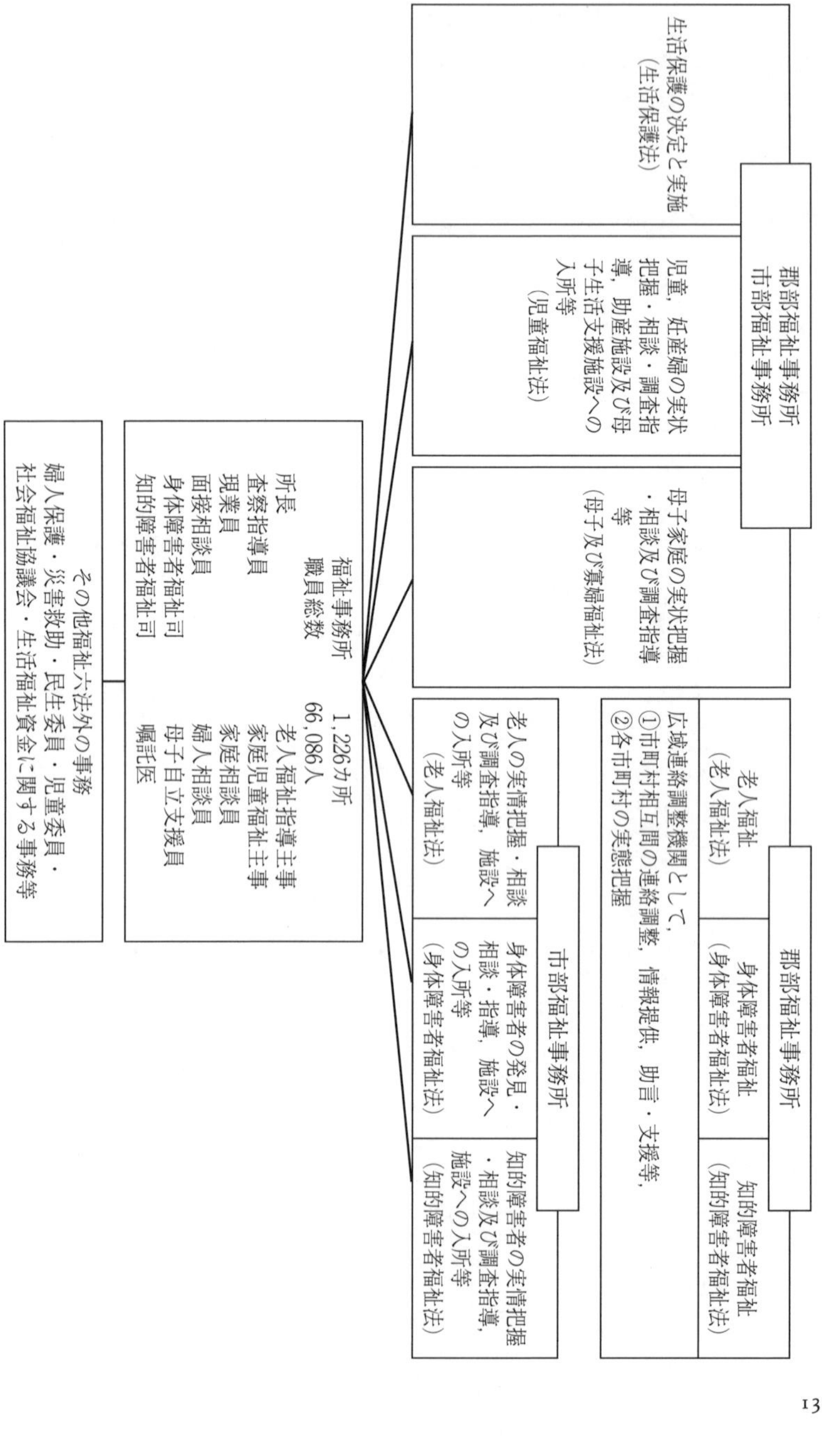
郡部福祉事務所
市部福祉事務所
生活保護の決定と実施
（生活保護法）
児童，妊産婦の実状把握・相談・調査指導，助産施設及び母子生活支援施設への入所等
（児童福祉法）
母子家庭の実状把握・相談及び調査指導等
（母子及び寡婦福祉法）
郡部福祉事務所
老人福祉
（老人福祉法）
身体障害者福祉
（身体障害者福祉法）
知的障害者福祉
（知的障害者福祉法）
広域連絡調整機関として，
①市町村相互間の連絡調整，情報提供，助言・支援等，
②各市町村の実態把握
市部福祉事務所
老人の実情把握・相談及び調査指導，施設への入所等
（老人福祉法）
身体障害者の発見・相談・指導，施設への入所等
（身体障害者福祉法）
知的障害者の実情把握・相談及び調査指導，施設への入所等
（知的障害者福祉法）
福祉事務所　1,226カ所
職員総数　66,086人
所長
査察指導員
現業員
面接相談員
身体障害者福祉司
知的障害者福祉司
老人福祉指導主事
家庭児童福祉主事
家庭相談員
婦人相談員
母子自立支援員
嘱託医
その他福祉六法外の事務
婦人保護・災害救助・民生委員・児童委員・社会福祉協議会・生活福祉資金に関する事務等

出典：厚生労働省社会・援護局総務課（2006）調べ。

ている。職員配置は全国総計で所長千二百二十六名、査察指導員二千三百九十名、現業員一万七千三百七名、身体障害者福祉司七十五名、知的障害者福祉司七十四名、老人福祉指導主事等八十名、家庭児童福祉主事十九名、家庭相談員千二百三十二名、婦人相談員二百二十六名、母子自立支援員六百一名、嘱託医二千三百五十五名、その他職員三万千百四名、合計で六万六千八十六名となっている。もちろん、この中には兼務や嘱託も入っているが、対前年度比でも千九百六十九人増加し、現業員の中でも生活保護担当現業員が五百二十人増加し、現在九千四百六十一名となっている。このうち社会福祉主事の有資格者は、査察指導員、生活保護担当現業員はおおむね約七十五％であるが、五法担当や面接相談員等は五割を切っているのではなかろうか。

現在の福祉事務所の概況としては、図表9－2－5のようである。

第三節　福祉事務所をめぐる問題構造

――郡部福祉事務所をケーススタディとして――

周知のとおり福祉事務所制度に関しては、その大枠を前提としても従来から様々な問題点が指摘されている。まして福祉改革との関連で枠組みそのものをめぐる抜本的見直しにおいては後述するように議論すべき論点は多岐に及ぶ。本節では、今後の福祉改革との関連で現行福祉事務所の問題構造をさしあたり浮き彫りにしておきたい。

従来の福祉事務所の枠組みを前提とした問題点としては、既に旧厚生省社会局保護課調べで以下のような諸点が指摘されていた。

第一点は、福祉事務所の適正規模に関する問題点である。福祉事務所は、おおむね管内人口十万人程度に一ヵ所と考えられているが、実際には、数十万人の規模の福祉事務所もあり、適正な運営が確保できない状況もあるという。具体的問題点としては大規模福祉事務所では、地域住民の福祉事務所の利用が不便であることや現業員等の効率的な訪問調査活動が困難であることがあげられ、福祉事務所数を増やし複数配置する必要がある。

第二点は、地方（郡部）では小規模福祉事務所のため、職員の質は比較的高いものの職員配置が非効率で所要人員が確保されていないこともある。また、社会福祉士の有資格者など高度な専門知識を有する人材が確保されておらず、福祉行政の高水準均一化の確保が困難であることもある。

第三点は、従来は生活保護現業員は、法定数により配置し、福祉五法現業員は現員配置基準により配置するよう指導されているが、法律上は福祉六法担当現業員すべての配置基準となっているため外部に対する説明がつかなかったが、この点は規制緩和で改善されてきた。

第四点は、標準数（従来は法定数）により配置されている生活保護担当現業員は、大方確保されているが、特に充実しなければならない福祉五法関係についての福祉五法担当現業員は、行政指導による職員配置基準によっているため充足率が非常に低い状況にあることである。

第五点は、管内人口十万人程度の町村であっても福祉事務所の設置義務がないので地域住民に対するサービスが必ずしも十分に行われていないことである。そこで、やや結論を急ぐと町村合併によってもはや少なくなった町村にも福祉事務所の設置をそろそろ法定化してもよいのではなかろうかと考えられる。

また以上の点とからんで、町村の福祉事務所は現状では特別交付税の裏打ちが特例としてなされているが、原則としては国の財政負担がなく、他の小規模市と比べて不均衡になっていることである。

以上は現行福祉事務所の枠組みを前提とした上での問題点であるが、近年においては福祉事務所の枠組みそのものを改変せよという強い意見もあり、それを大別すると二つの系譜に分けることができる。

第一の系譜は、福祉事務所を総合福祉センター（仮称）へ改変すべきというかつての全国社会福祉協議会（以下、全社協と略す）サイドの意見などである。例えば昭和四十六年五月の全社協社会福祉事業法改正研究作業委員会の全社協会長への答申「福祉事務所の将来はいかにあるべきか」を起点としたものである。

この意見は、住民の身近なところで質の高い専門的な福祉サービスを保障すべきであるという観点から、従来の福祉事務所を地域内の福祉に関する総合福祉センターに改組し、市町村に実施責任を負わせるものである。ただし、地方自治体の規模、財政能力等のちがいを無視して、すべての市町村に一律に設置を要求することには無理があるので、総合福祉センターは人口十万人以上の市に単独設置を義務付け、それ以下の市町村は一部事務組合か近隣市への委託かのどちらかを採用することが考えられていたが、今日では都道府県レベルでの検討が不可避ではなかろうか。[20]

第二の系譜は、福祉事務所の必置規制を緩和するとともに、必置職の社会福祉主事等に係る規制をも廃止すべきとするかつての旧自治省サイドの意見である。

この意見は、昭和五十六年十一月行政特別委員会で伊藤郁男議員が質問したことに端を発しているが、それ以前からも全国で大勢を占める一市一福祉事務所で実質上、福祉事務所が市役所の内部組織化（福祉部局内化）しているところで少なからず見受けられたものである。特に臨調行革の下で国の規制緩和の一環として福祉事務所の問題が積極的に取りあげられた向きがあり、昭和五十九年十月に地方自治経営学会（会長＝磯村英一）の『国が妨げる自治体行革』（中央法規出版、一九八五年）で一市一福祉事務所といった市福祉事務所の必置規制を廃止する提言が出されるなどの近年の動きとなっていた。ちなみに提言では次のようになっていた。

「現在、市にあっては福祉六法に関する行政は、庁部局と福祉事務所との二重行政二重構造になっている。制度上は、市町村長は措置法定、措置実施機関、福祉事務所は実状把握、指導となっているが、実際には庁内同一場所で同一組織で行われ、看板、肩書きだけ二重にしているところも多い。行政組織の複雑化、事務の繁雑化を招いているので、市の福祉事務所の必置規制は廃止すべきである」[21]。

昭和六十年現在、市部福祉事務所は、人口規模にかかわらず市営であるが、郡部福祉事務所（三百四十四ヵ所）は四町を除き、原則として都道府県が直営している。ちなみに人口五万人未満の市でも市福祉事務所をもっている半面、逆に人口五万人以上の町村では福祉事務所をもたず、県が福祉事務所をもっているという奇妙な現象も一部見受けられる。（なお、図表9－2－3にみるように現行福祉事務所数は平成十八年四月現在で市部福祉事務所七百七十ヵ所、郡部福祉事務所二百三十八ヵ所、町村福祉事務所十五ヵ所、計千二十三ヵ所である。なお平成十九年四月現在では、総数千二百四十二ヵ所、市部九百八十八ヵ所、郡部二百六十九ヵ所、町村十五ヵ所である。）

また戦後、一時期は旧生活保護法が国（十分の八）や都道府県（十分の一）と並んで市町村は応分の負担（十分の一）をしていた。しかし、福祉六法の整備に伴い、例えば保育所措置費は従来どおり市町村の負担があるが、老人ホーム措置費や生活保護費は福祉事務所を設置する地方公共団体が一切負担するべきことから、福祉事務所を設置しない町村は何ら費用負担は負わず、都道府県がその肩代わりをすることになっているという矛盾もある。しかも、既にみたように行革における国の規制緩和の線からは福祉事務所の職員配置はもちろん組織や位置についてもなるべく地方行政の裁量に委ねるようにするには市の必置規制を廃止すべきという意見が、他方で、福祉事務所が第一線の現業機関として地域社会に根ざすには市のみならず町村にも福祉事務所を必置すべきであるという意見が、相互に対立したことがあるのである。最近では前者について議論としては消滅し、後者については近年の市町村合併によって町村数が激減したことから、かなり現実的なものになってきたといえる。

そこで、私なりに郡部福祉事務所の問題をケーススタディとして、いわばシミュレーション的な分析を行い福祉事務所の問題点をそれなりに列挙すると以下のようになろう[22]。

まず郡部福祉事務所固有の問題群と福祉事務所一般の在り方に関する問題群とはさしあたり区別される必要があり、さらに福祉事務所の存在を前提にした上での福祉事務所一般の在り方に関する問題群と福祉事務所そのものの存在理由に関わる問題群とを区別しなければならない。そこでさしあたり、福祉事務所そのものの存在理由に関わる問題群についてみてみよう（図表9－3－1）。

1　福祉事務所そのものの存在理由に関わる問題群

1　現業相談部門と計画指導部門との関係

いうまでもなく福祉事務所は社会福祉の第一線現業機関であるが、この現業機関という意味は現業員（フィールド・ソーシャルワーカー）や面接員等が配置されていて地域住民の相談等に直接対応することであって、例えば市レベルの社会福祉行政の企画・調査・予算・施

図表９－３－１　郡部福祉事務所のあり方をめぐる問題群（案）

	Ⅰ．福祉事務所の一般的あり方	Ⅱ．地方公共団体レベルの福祉事務所のあり方		
		Ⅱ－１　県（郡部）レベル	Ⅱ－２　市レベル	Ⅱ－３　町村レベル
1－1 国から地方への権限委譲	•国の機関委任事務との関係如何 •国と地方の役割分担如何 •設置基準をどうするか			
1－2 都道府県から市町村への権限委譲	•福祉地区をどうするか（市町村との関係を含む） •保健所の管轄区域との関連はどうあるべきか •内部組織と独立組織の長所・短所をどうみたらよいか，またどうするべきか	•町村の自立性をどう担保すべきか •郡部事務所を町村へ移管すべきかどうか	•県の指導性をどう担保すべきか •市の必置制はいかなる理由によるのか，現在も有効か •小規模市の設置に伴う問題にどう対応すべきか	•県の指導性をどう担保すべきか •町村の任意設置制はいかなる理由によるのか，現在も有効か •事務組合で設置すべきか •県への委託はありうるか （•中心市への委託　清水委員）
2－1 六法関連	•生活保護業務と五法業務との区別・関連をどうするか •措置権とその他相談指導業務との区別・関連をどうするか •児童相談所との機能分担如何	•県庁所在地の立地は適当かどうか •県本庁との役割分担いかん	•五法業務と各福祉課をどう区別すべきか •福祉部との区別をどうするか （一市一福祉事務所の問題）	•生活保護業務が少ない場合の対応をどうするか
2－2 その他	•六法以外の業務をどこまで扱うか •福祉計画機能をもつべきかどうか •地域福祉に対応すべきか	•県単独事業・福祉六法外業務をどこまでやるか	•市単独事業・福祉六法外事業をどこまでやるか	•町村役場の各課との役割分担如何
3－1 財政	•特殊勤務手当制度はどうあるべきか			•特別交付税でどう対応するか •その他特別の財源措置が必要か
3－2 組織	•単法制と総合担当制の長所・短所をどうみたらよいか，またどうすべきか •福祉センター構想をどうみるか	•一般行政事務所等との関係如何	•関係機関との関係いかん	•町村単独では，組織の体をなさないのではないか •廃止にどう対応するか
3－3 マンパワー等	•職員配置基準をどうするか •現業員等の資格はどうあるべきか •査察指導員の資格はどうあるべきか •所員の専任・兼任をどう考えるべきか •民生委員の協力関係をどうするか •職員の資質向上をどう図るべきか		•（小規模市）有資格の職員確保をどうすべきか	•有資格の職員確保をどうするか

出典：京極高宣（1988）「福祉改革と福祉事務所の諸問題」『季刊社会保障研究』23巻４号。

行管理などのような行政事務のことではない。いわゆる一市一福祉事務所の問題で、しばしば混乱するのは、多くの場合、市の福祉部の内部組織として福祉事務所が位置付けられ、福祉事務所長が福祉部長または福祉部次長として兼務するというパターンであるからである。そこから、「二重行政」「二重看板」等との批判が生じる。しかし、問題は建物の構造あるいは組織体制の在り方ではなく、現業機能あるいは職員配置の在り方の問題であり、いわゆる事務屋（行政事務官）だけで構成されているか、それとも住民に直接に対応する現業員・面接員等のソーシャルワーカーが配置されているかが重要なメルクマールとなるのである。機能面からみればソーシャルワーカーの配置が十分であれば福祉事務所の職員と福祉部の職員が兼務しても何らさしつかえないし、むしろその方が効率的であるとさえいえる。また設置場所についてみると郡部福祉事務所のいくつかは市区福祉事務所と同じ都道府県庁所在地にあり、同一市内に市福祉事務所と郡部福祉事務の二つが存在することが少なくない。これは交通の便を考えて町村に事務所を設置するよりも中核都市なる市に事務所を設置する方が便利であるからであるが、それにしても市町村と福祉事務所との関係は不明瞭なところがあるといえよう。むしろ住民の身近な町村部に福祉事務所がある方が自然である。

2　福祉部と事務所との関係

一市一福祉事務所では、多くの福祉事務所が市福祉部に内部組織化されていることから、かえって福祉部全体が福祉事務所の現業機能にひきずられて、本来の計画機能等が弱体化することはしばしば見受けられる。その点では福祉事務所が外部組織として独立している市の方が社会福祉の計画行政の進展がみられる。したがって、効率性の問題から小規模市の場合、同一建物内の市福祉部の内部組織として福祉事務所を設置することは、一方で福祉事務所の現業機能が十分に発揮され、他方で福祉部の計画機能が生かされさえすれば、何らさしつかえないと思われる。

3　福祉地区と自治体との関係

福祉事務所はおおむね人口十万人の福祉地区に一ヵ所の割合で配置されることになっているが、当初はアメリカ的発想（いわゆるスペシャル・ディストリクト）に基づくものといわれた。現状では十万人以下の市でも必置規制がなされ、他方、町村は福祉事務所を持たず都道府県が人口十万人を上限の目安に福祉事務所を配置しており、福祉地区と基礎自治体とは必ずしも対応していないが、わが国の風土からみて、市町村という基礎自治体から福祉地区が切り離されているところに問題が残っている。むしろ福祉五法に着目して、市町村単位（一部事務組合等を含む）に福祉事務所を設置するか、あるいは福祉六法の行政権（その後の経緯で、市は移譲済み、町村は生活保護のみ移譲なし）を中核市に移譲するべきであろう。さもなければ、わが国の実情になじまないことを十分承知の上で述べるが、イギリス社会保障事務所（最近ではハローワークと合併）のように生活保護のみに着目して広域圏である都道府県だけが生活保護中心の総合福祉事務所（仮称）を設置する方が行政的理解の上ではむしろ、すっきりしているといえよう。

2　福祉事務所一般の在り方についての問題群

1　生活保護事務所か福祉六法事務所か

従来の福祉事務所は生活保護が中心業務であったが、従来からケースワーク的機能を持ち、現在は、たてまえも実際も一部の地域を除いて大方は原則として福祉六法全体を所管する六法事務所になりつつある。しかし、福祉事務所の最低限の所得保障という本来的役割のみを生活保護とみると、福祉事務所は所得保障の一環としての国の事務機関となり、福祉五法関係はむしろ市町村の業務という役割分担も考えだされよう。

ちなみに英国などはそういう分担から、公的扶助は国の社会保障事務所で、対人福祉サービスは地方の福祉部で対応している。英国のようにすれば、福祉事務所は国レベルの社会保障事務所と同様な役割を持ち、社会保険事務所と一体化されることも考えられないわけではないが、英国（連合王国ＵＫ）といっても、スコットランド、イングランド、ウェールズ、北アイルランドといったいわば道州制的な連合国家といった背景もある（図表７－１－２参照）。また現在社会保険事務所が一方で税務署と一体化された歳入庁にせよという意見と他方でもっと民営化し民間委託などをせよという意見が中央省庁内でも乱立している限り、日本には少しなじまないところがあろう。[23]もちろん福祉事務所の本来的役割を福祉五法に置くとすると、生活保護事務は社会保険事務と統合化させ、より純化した地域別の国の所得保障事務所（いわばイギリス流の社会保障事務所）となることも考えられないわけではないが、わが国の実態ではあまり現実的ではないように思われる。

また、以上のどちらの場合にも偏らず現行の六法事務所の性格をより強化していくとすると、「福祉センター構想」のような方向（より今日的には保健福祉センター構想）も政策理論上は十分ありえよう。しかし、現実的な対応としてはきわめて難しい。いずれにしても福祉事務所は市町村主義を貫き、生活保護を中心として、ソーシャルワーク機能を強化し、その他の福祉行政と同様に地方自治の主体性にまかせてしまうべき時代状況にある。そうとすれば、すべての市町村が福祉事務所を持つべきものとして、社会福祉法第十四条は改正されなければならない。

2　法定受託事務と自治事務の関係について

従来、福祉事務所は生活保護なり福祉五法関係にせよ、国の機関委任事務を知事または市町村長が受け、さらに専門的な第一線現業機関である福祉事務所が知事または市町村長の委任を受け国の委任事務を遂行するものとなっていた。しかし、地方分権一括法で機関委任事務が廃止され、法定受託事務とされ、団体委任事務が自治事務とされた。しかし、従来からも国の機関委任事務以外に、都道府県等の単独事業の施行や地域福祉計画の策定などをいくつかの福祉事務所では行っていたし、また昭和六十三年度からは、生活保護は国の機関委任事務としてとどまるものの、福祉五法関係は団体委任事務となり、それとの関係で社会福祉施設に対する国の補助率が十分の八から十分の七、さらに十分の五に変更された(24)。

また昨年の三位一体改革によって国と地方の財政負担の在り方が論議されたが、その方向性は必ずしも得られなかった。したがって、福祉事務所の役割は、法定受託事務と自治事務と地方公共団体の固有事務の三つの分野を同時に遂行することになるが、その関係をどのように考えたらよいかが問題となる。一つの考え方としては、国の事務の方に力点を置けば、生活保護事務を中心として都道府県立が原則となるが、他方、自治事務の方に力点を置くと、福祉五法やその他の在宅福祉分野が中心となり、基礎自治体としての市町村立が原則となろう(25)。道州制を主張する知事等の見解では、国と市町村が福祉事務所の運営に関わり、したがってまた財政負担も国が四分の三、市町村が四分の一となり、都道府県はおろか、道州制になっても、何ら財政負担をしないのは、はなはだ疑問である。国の最低限の生活保護を所管しない道州は欧米をみても他の先進諸国には存在しないからである。

3　現業員等の資格マンパワーの在り方

従来の福祉事務所は、福祉六法に基づく各種判定・措置・相談指導等の業務を行ってきたが、職員については社会福祉主事たる専門ワーカー（現業員）を生活保護法に関しては社会福祉事業法（改正前）第十五条で次にように定められていた（なお福祉五法については行政指導上の規定があるだけである）。

「一　都道府県の設置する事務所にあつては、生活保護法の適用を受ける被保護世帯（以下、「被保護世帯」という。）の数が三百九十以下であるときは、六とし、被保護世帯の数が六十五を増すときに、これに一を加えた数

二　市（特別区を含む。以下同じ。）の設置する事務所にあつては、被保護世帯の数が二百四十以下であるときは、三とし、被保護世帯数が八十を増すごとに、これに一を加えた数

三　町村の設置する事務所にあつては、被保護世帯の数が百六十以下であるときは、二とし、被保護世帯数が八十を増すごとに、これに一を加えた数」

他方、福祉五法担当職員については、昭和五十三年四月一日の社庶第四十二号通知で以下のように述べられている。

「1　五法担当現業員にかかる措置

五法担当現業員については、昭和四十三年度から同四十五年度までに、地方交付税の基準財政需要額算定上の単位費用積算基礎として、標準の地方公共団体における一福祉事務所当たり六名が措置さ

れ、これに伴い、「福祉事務所における福祉五法の実施体制の整備について（昭和四十五年四月九日付社庶第七十四号厚生省社会局長、児童家庭局長通知）」（以下「両局長通知」という。）により所要の体制整備方を指示されたところであるが、その後の行政需要に対応し、昭和五十、五十一両年度さらに増員が図られ、標準団体の市部福祉事務所八名、郡部一福祉事務所当たり七名となっていること。

2　五法担当現業員の配置基準

福祉事務所の管内人口に応じる所要数の標準は、別表「福祉五法担当現業員配置基準」のとおりであること」。

こうして、生活保護と福祉五法とでは異なる職員配置基準が定められたが、近年の地方分権一括法でかなり規制緩和された。平成十二年に社会福祉事業法が改正され、社会福祉法（平成十二年）となったが、第二章福祉に関する事務所の第十六条の所員の定数では次のように定められている。「所員の定数は、条例で定める。但し、現業を行う所員の数は、各事務所につき、それぞれ次の各号に掲げる数を標準として定めるものとする」。そして従来の法定数が標準数へ改められることになったわけである。

従来は生活保護担当職員は法律で、福祉五法担当職員は通知で規制がなされているため、とかく福祉五法担当職員の未充足な状態が目につくようになっていたが、現在は各自治体の裁量で両方とも必ずしも十分な配置がされない事務所も少なからず存在しているようにみえる。福祉事務所発足当初では、福祉五法関係がすべて生活保護に含まれていたため、そうしたアンバランスがなかったが、福祉五法の確立に伴い新たな問題が生じ、さらに地方分権化の推進でさらなるアンバランスも生じているかにみえる。他方、福祉事務所の職員配置については、国の規制を緩和して各地方自治体の地域特性等によって相違があってしかるべきであり、当該地方自治体の判断にゆだねるべきだという考え方が主流を占め標準数として実現したところである。が、いずれにせよ国のガイドラインそのものは、不可欠であり、新しい時代状況に照らして弾力的な標準を設ける必要は今後ともあろう。

また、身体障害者福祉司、精神薄弱者福祉司（現・知的障害者福祉司）、老人福祉指導主事等の専門職員が福祉事務所には配置されているが、これらは、現行福祉事務所では形式的な役職者（係長）配置となっており、むしろ都道府県や政令指定都市の各種相談所に配置されるような専門職員と同様に、国家資格である社会福祉士を充当すること（もし無資格者であれば積極的に社会福祉士の国家資格を取らせること）を検討する必要がある。(26)

4 他行政機関との関係

福祉事務所は人口十万人以上を目安に都道府県（指定都市）又は市（区）が設置することになっているが、このエリアは保健所の設置基準と極めて酷似している。そこで保健所と福祉事務所との機能を比較して、高齢化社会における保健と福祉の有機的関連付けのために両者の連携又は統合する案も出され、現在では先にみた規制緩和でいくつかの県でそうなっている。連携については、両者の定期的連絡会や市町村社協の在宅福祉推進会議への参加など運用上の改善で対応可能であるが、統合については、保健所が保健所法に基づいて設置され、医師を所長として医療スタッフ中心の機関であることから、にわかに実現することは困難であるが、沖縄県などいくつかの県では医師資格のある職員が兼務をすることでそうした矛盾を解決している。二十一世紀の少子高齢社会を展望すると、保健部局と福祉部局の両スタッフの有機的連携による質の高い在宅サービスが可能であり、認知症高齢者や精神障害者などへの対応もしやすくなることなどのメリットがあるばかりでなく、職員の効率的配置等から事務合理化を思いきって図れる余地もある。ただし、近い将来に町村福祉事務所の設置が義務化されると困難な町村事務は都道府県または近隣市へ部分委託することも考えられる。

また近年、いくつかの県で実行されている地域センター事務所構想は、福祉事務所を県の地域事務所の内部組織として位置付けるものである。それは、広域市町村を所管する方法であり、当該福祉事務所は従来の福祉行政事務のみならず、市町村福祉行政に対する一般的指導および県単事業の実施を行う。この場合、地理的には県庁所在地から離れて市町村部に福祉事務所を設置できる長所を持つ半面、従来の福祉事務所の独立性が損なわれるというマイナス面もあることも予想される。

なお県の必置機関としては、児童相談所、身体障害者更生相談所、精神薄弱者更生相談所、婦人相談所があるが、いくつかの県では、これらを個々バラバラに設置するのではなく、総合リハビリテーションセンターや総合福祉センターなどに一体化して住民の福祉ニーズの高度化、多様化に対応している。そこで、かかる県事務所の機能については、むしろ専門的機能は一体化したセンターに集中し、各種児童相談を含めて身近な住民相談についてはかえって市町村の福祉事務所機能（例えば家庭児童相談室など）の充実強化で対応することが考えられる。

3　郡部福祉事務所そのもののあり方についての問題群

1　県と町村との関係

すでにふれたように現在は郡部における福祉事務所は都道府県が設置する福祉事務所と町村が設置する福祉事務所との二つのタイプがあり、前者の数が圧倒的に多いが、現在では市町村合併で町村数が激減し、したがってまた郡部福祉事務所が縮小化している。例えば県福祉事務所は、生活保護と児童扶養手当に特化しており、特に福祉五法関係はその多くが地域社会に極めて密着しているにもかかわらず、その所管および運営は県および県職員が行い、町村職員は、福祉五法など定められた事務以外の生活保護事務はほとんど関係を持たなくてよい仕組みになっている。他方、老人保健法が施行されて以来、老人保健サービスは市町村が実施責任を持っており、また社会福祉基礎構造改革で福祉五法は市町村が実施責任を持っており、都道府県が直接経営しないので、都道府県と市町村との間に著しい行政責任ギャップ（いわば都道府県が国と市町村との間で中二階的存在になっている現象）も生じている。とりわけ平成二年の福祉関係八法改正により郡部福祉事務所が持っていた老人福祉施設や障害福祉施設の入所措置権が町村にも委譲され、郡部の残る機能が生活保護中心となり、福祉五法関係の事務は形骸化してしまっている。したがって町村の財政規模の小ささやマンパワー不足から現実的には困難も少なくないとはいえ、本来としては自治体規模の問題ではなく、いわば住民福祉の点から町村も郡部福祉事務所を一部事務組合としてか、あるいは単独の町村福祉事務所を持つべき時代にきているのではなかろうか。もちろんその場合はフィールド機能と給付機能の両面から、市町村の福祉部局と別の組織の福祉事務所を設置せよ、というわけでなく、むしろ市町村の福祉部局と並存ないし合併した形でソーシャルワーク機能をきちんと持たせれば、何ら問題はないと思われる。

2　マンパワーの確保について

都道府県が郡部福祉事務所を設置する場合には、豊富な人材を活用することはさして難しくないが、他方、町村が郡部福祉事務所を一部事務組合も含めて設置する場合には、福祉六法事務の専門的知識と技能を有する人材の確保自体が極めて困難であり、まして各種福祉司というスペシャリストの確保は絶望的かもしれないが、近年では国家資格たる社会福祉士の存在を重視し、その有資格者を人材登用で生かし、またそうした有資格の職員を採用すればそうした困難をかなり解決できるのは、市町村の保健師の存在と同様の効果をもたらすのではなかろうか。[27]

小中学校の義務教育のように一定の資格要件（社会福祉士の活用など）を制度化すれば市町村ごとの人材格差は基本的に生ぜず、また大規模な近隣市への事務委託や町村事務組合の設置によるスケールメリットの確保は不可能ではない。また予算措置上、交付税に町村の福祉事務所職員および措置義務に伴う手当費を組み込むなどの工夫をこらせば、あながち町村も福祉事務所を設置することができないわけではない。

3　他行政機関との関係

郡部福祉事務所と他行政機関との関係は、福祉事務所一般と他行政機関との関係に加えて、いくつか特殊な問題点も指摘されている。例えば、保健所を例にとると、その設置主体は、保健所法に基づき、都道府県または市が設置し、町村は原則として設置しなくてよいことになっているので、町村福祉事務所の任意設置とは相違があり、人口十万人に一カ所という配置基準では同じだが、エリア的にも異なることが少なくない。現在、保健所と福祉との連携が叫ばれている折に、こうしたエリアの不均衡は解消される必要がある。もちろん広域レベルでの仮定の議論だが、将来、中核市レベルで保健所と福祉事務所を統合するという方向がとられる場合には、両者のエリア的ズレは決定的な問題になる。その点では都道府県の方針に則り、保健福祉圏域を設置し、計画的な福祉行政対応をしていく上では、都道府県が福祉事務所並びに保健所の設置主体となった方が具合がよいともいえるが、その場合には、住民に最も身近な市町村に福祉事務所の設置義務、福祉五法への行政権限がなくなってしまう難点も生じるので、別途の検討が必要である。そこで先般（平成二年）の福祉関係八法改正のように、さしあたりは在宅福祉と施設福祉の一体的運営のために県から町村に措置権限を移譲させ、広域市町村の調整等を郡部福祉事務所に役割分担させることになったのである。

また将来、市町村合併とは別にすべての市町村に福祉事務所を設置することになると、それにより、都道府県は新たな対応が求められよう。都道府県が設置する児童相談所、身体障害者更生相談所、知的障害者更生相談所との機能的重複がおこり、都道府県設置の相談所等は単独では非効率となり、いくつかの件で実施されているように積極的に統合化する方がよいように思われる。むしろ、福祉事務所が住民に最も身近な市町村の保健福祉部に吸収されれば、高度の専門的判断等が必要な機能はむしろ都道府県レベルで具備した相談所等から成る総合保健福祉センター（仮称）などが対応した方が効果的となるかもしれない。

いずれにしても、福祉事務所の在り方を今後における福祉改革との関連で議論するには、数多くの論点が複雑にからみあっていることも事実である。とくに厚生省三審議会合同企画分科会の意見具申（平成元年三月三十日）の「今後の社会福祉のあり方」では、町村への措置権の移譲を積極的に打ち出すとともに、郡部福祉事務所において生活保護事務の継承とともに管内市町村への計画行政指導等の機能を高めることを打ち出したことは、これまでの我々の検討から考えてそれなりに評価されるものであるが、将来方向については検討の不徹底は否めなかった。さらに社会福祉事業法の改正（社会福祉法の制定）では、都道府県と市町村の役割再編なども図られたが、地方分権化の推進からは、近年の市町村合併からまぬがれた町村は比較的足腰が強いところが大部分であることを鑑みて、都道府県の郡部福祉事務所の権限を移管した町村福祉事務所の義務化は避けられない検討課題となっているといえる。いずれにしても本章で論じたような細かな問題点にとどまることなく、できるだけ幅広い視野から総合的抜本的に検討する必要がある。

注

（1）京極高宣（二〇〇六）『生活保護改革の視点』全国社会福祉協議会、第四部第九章を加筆修正。
（2）京極高宣（一九八八）「福祉改革と福祉事務所の諸問題」（『季刊社会保障研究』二三巻四号所収）参照。
（3）例えば、岡田好治（一九四七）『生活保護（生活保護百問百答第一集）』日本社会事業協会、小山進次郎（一九四九）『生活保護の基本問題（生活保護百問百答第二集）』日本社会事業協会、小山進次郎編（一九四九）『生活保護の基本問題』日本社会事業協会、小山進次郎（一九五一）『収入と支出の認定（生活保護百問百答第四集）』日本社会事業協会、等参照。
（4）黒木利克（一九五八）『日本社会事業現代化論』全国社会福祉協議会、福祉事務所十年の歩み編集委員会編（一九六二）『福祉事務所十年の歩み』全国社会福祉協議会、木村孜（一九八一）『生活保護行政回顧』社会福祉調査会、等。なお、近年の労作をあげると、副田義也（一九九五）『生活保護制度の社会史』東京大学出版会、および三和治（一九九九）『生活保護制度の研究』学文社、等があげられる。
（5）古くは小山路男（一九八八）「社会保障の発展と展望」（『戦後福祉の到達点（明日の福祉①）』仲村優一・小山路男、中央法規出版、所収）参照。最近の優れた歴史研究では菅沼隆（二〇〇五）『被占領期社会福祉分析』ミネルヴァ書房、があげられる。
（6）戦後日本の被占領期の福祉改革に関しては、Toshio Tatara（一九九七）『占領期の福祉改革——福祉行政の再編成と福祉専門職の誕生』菅沼隆・古川孝順訳、筒井書房、および菅沼隆（二〇〇五）前掲書(5)を参照。
（7）堀勝洋（一九八七）『福祉改革の戦略的課題』中央法規出版、および北場勉（二〇〇五）『戦後「措置制度」

の成立と変容』法律文化社、等参照。
（8）神田均（二〇〇八）「文学と福祉について（回想）」神田均『はるかなる道』（非売品）神田均発行、一九四頁。
（9）社会福祉主事の誕生に関する歴史的実証的研究としては、潮谷有二（二〇〇六）「社会福祉主事制度の概要」（平成18年度『日本社会事業大学通信教育科ガイドブック』北隆館、所収）、および潮谷有二・上原紀美子（二〇〇三）「社会福祉主事制度の概要」『純心現代福祉研究』No.8、長崎純心大学現代福祉研究所、所収。
（10）注（3）と同じ。
（11）黒木利克（一九五八）前掲、四五一～四五九頁参照。
（12）地方自治協会（一九八六）『郡部福祉事務所のあり方等に関する調査報告』（代表＝大森彌）の大森論文を参照。
（13）神奈川県知事（当時）の長洲一二氏が提唱した地方分権化のスローガン。
（14）厚生省社会局庶務課編（一九七一）『新福祉事務所運営指針』全国社会福祉協議会。
（15）厚生省社会局庶務課編（一九五三）『福祉事務所運営指針』全国社会福祉協議会。
（16）全国社会福祉協議会社会福祉事業法改正研究作業委員会（一九七一）『研究作業委員会報告』未公開資料、参照。
（17）京極高宣（一九八四）『市民参加の福祉計画』中央法規出版（『京極高宣著作集』第三巻、中央法規出版、二〇〇三年、所収）Ⅰ部一章、参照。
（18）以上は、京極高宣（一九八八ａ）「福祉事務所の歴史的経緯に関する覚書」（『日本社会事業大学紀要』第三四集所収）に基づく。なお、内容的には岩田正美・京極高宣（二〇〇六）「（対談）生活保護を見直す」（京極高宣『生活保護改革の視点』二〇〇六年、全国社会福祉協議会の序、所収、本書の補論）を参照。

(19)　本節は右の京極髙宣（一九八八a）をふまえて京極髙宣（二〇〇六）『生活保護改革の視点』の第四部第九章の第二節として福祉事務所のその後の経緯を書き加えたものである。
(20)　比較的アカデミックなものとしては、京極髙宣（一九八八b）「福祉改革と福祉事務所の諸問題」『季刊社会保障研究』二三巻四号。
(21)　地方自治経営学会（一九八五）『国が妨げる自治体行革』中央法規出版、五六〜五七頁。
(22)　以下は、京極髙宣（一九八八b）「福祉改革と福祉事務所の諸問題」をほぼ引用。
(23)　社会保険庁改革案については（二〇〇七）「（潮流）日本年金機構法案を閣議決定――社会保険庁を廃止し、新法人を設立」『社会保険旬報』№２３１０、三月二十一日参照。
(24)　「三浦文夫（二〇〇六）「生活保護改革の若干の論点」財団法人社会福祉研究所『所報』第七三号所収。」では、この改正を高く評価しているが、当時の状況下でのギリギリの政治的妥協の産物であることが看過されている。
(25)　本書、第四章第三節参照。
(26)　この点に関しては、社会保障審議会福祉部会（二〇〇六）「介護福祉士制度および社会福祉士制度の在り方に関する意見」二〇〇六年十二月十二日に詳しいが、福祉事務所の職員の資格や人員配置までは踏み込んでいないきらいなどが残っている。
(27)　社会福祉士の今日的位置づけについては、まだ十分な検討はなされていないが、さしあたり、京極髙宣（二〇〇八）「福祉士法改正と福祉人材確保指針」（「ＷＡＭ」）福祉医療機構、二〇〇八年二月号所収）を参照。

参考文献

岡田好治（一九四七）『生活保護（生活保護百問百答第一集）』日本社会事業協会。

小山進次郎（一九四九）『生活保護の基本問題（生活保護百問百答第二集）』日本社会事業協会。

小山進次郎編（一九四九）『生活保護の基本問題』日本社会事業協会。

小山進次郎（一九五一）『収入と支出の認定（生活保護百問百答第四集）』日本社会事業協会。

厚生省社会局庶務課編（一九五三）『福祉事務所運営指針』全国社会福祉協議会。

黒木利克（一九五八）『日本社会事業現代化論』全国社会福祉協議会。

福祉事務所十年の歩み編集委員会編（一九六一）『福祉事務所十年の歩み』全国社会福祉協議会。

厚生省社会局庶務課編（一九七一）『新福祉事務所運営指針』全国社会福祉協議会。

全国社会福祉協議会社会福祉事業法改正研究作業委員（一九七一）『研究作業委員会報告』未公開資料。

木村孜（一九八一）『生活保護行政回顧』社会福祉調査会。

地方自治経営学会（一九八五）『国が妨げる自治体改革』中央法規出版。

地方自治協会（一九八六）『郡部福祉事務所のあり方等に関する調査報告』（代表＝大森彌）。

堀勝洋（一九八七）『福祉改革の戦略的課題』中央法規出版。

京極高宣（一九八八ａ）「福祉事務所の歴史的経緯に関する覚書」『日本社会事業大学紀要』第三四集。

京極高宣（一九八八ｂ）「福祉改革と福祉事務所の諸問題」（『季刊社会保障研究』二三巻四号）。

小山路男（一九八八）「社会保険の発展と展望」仲村優一・小山路男『戦後福祉の到達点（明日の福祉①）』中央法規出版。

副田義也（一九九五）『生活保護制度の社会史』東京大学出版会。

Toshio Tatara（一九九七）『占領期の福祉改革――福祉行政の再編成と福祉専門職の誕生』菅沼隆・古川孝順訳、筒井書房。

潮谷有二・上原紀美子（二〇〇三）「社会福祉主事制度の概要」『純心現代福祉研究』No.8、長崎純心大学現代福祉研究所。

北場勉（二〇〇五）『戦後「措置制度」の成立と変容』法律文化社。

菅沼隆（二〇〇五）『被占領期社会福祉分析』ミネルヴァ書房。

京極高宣（二〇〇六）『生活保護改革の視点』全国社会福祉協議会。

岩田正美・京極高宣（二〇〇六）「（対談）生活保護を見直す」京極高宣（二〇〇六）所収。

潮谷有二（二〇〇六）「社会福祉主事制度の概要」（平成十八年度『日本社会事業大学通信教育科ガイドブック』）北隆館。

三浦文夫（二〇〇六）「生活保護改革の若干の論点」財団法人社会福祉研究所『所報』第七三号。

社会保険研究所（二〇〇七）「（潮流）日本年金機構法案を閣議決定――社会保険庁を廃止し、新法人を設立」『社会保険旬報』№２３１０、三月二十一日。

京極高宣（二〇〇八）「福祉士法改正と福祉人材確保指針」『ＷＡＭ』福祉医療機構、二〇〇八年二月号所収。

第十章　新たな福祉改革にむけて
——生活保護改革と福祉事務所の在り方——

第一節　生活保護制度の改革方向

現在の社会保障改革は、社会福祉改革を含めていわゆる三位一体改革や歳出歳入一体改革など、従来における国と地方の関係や財政負担関係の在り方についても基本的見直しがなされつつある。ちなみに当面の「骨太の方針二〇〇六年」(1)において母子加算の廃止や生活保護基準の水準引き下げも検討課題に入り、母子加算などに関しては廃止の方向が打ち出されたが、将来の生活扶助基準等の在り方については、明確な方針が必ずしも立てられているわけではない。

第二部でふれたように三位一体改革での論議の結末も今日の生活保護制度の抜本的見直しには必ずしもならなかった。しかし、そこで論議されたことは確かに国と地方の財政関係などに議論の焦点があったという限界はあれ、二十一世紀の将来をかなり展望した根本議論もみられたと思われる。(2)そして、現在、ハローワークの活用や自立支援プログラムの推進など福祉事務所の運営改善が図られてきていることは、もちろん歓迎されることであるが、福祉事務所の在り方の抜本改革には至らない論議に終わっている。私見では本来的には「生活保護制度の改革→福祉事務所の改革」という順序で制度改革の議論がもっとなされるべきではなかろうか。

その逆、すなわち「福祉事務所の改革→生活保護制度の改革」という論議も当然あってしかるべきであるが、その場合は現在の組織内での運営改善論議以上にはなかなか進まない惧れもある。(3) そこで本書の終章として、生活保護制度の改革についてまず議論し、次いで福祉事務所の将来方向について私なりの展望を試論的に述べてみることにする。

第三部でふれたように、私は、三位一体改革の一環として平成十七年四月から設置された「生活保護費及び児童扶養手当に関する関係者協議会」のメンバーとして第八回（平成十七年十一月十八日）の会合で次のような「生活保護の在り方について」のメモを提出した。少し長いが、当時の議論の状況を知る上でも重要な証言(4)なので引用してみる。

一　生活保護はわが国社会福祉の根幹だが、それを他の福祉施策と切り離して「特別なもの」と考えるべきではない。

◎かつて生活保護と他の福祉施策と国庫負担率は同一（一〇分の八）であり、他法他施策とバランスがとれていた。

◎生活保護と他の福祉施策の区分も時代に対応して変わるもので、絶対的なものではない。後の行革（一九八九年）で生活保護は一〇分の七・五（四分の三）、他の福祉制度は一〇分の五

（二分の一）と変化した。
二　生活保護を機関委任事務的発想で「国の責任」とみなして、地方自治体の福祉施策と切り離して考えることは、他方他施策を活用して自立支援を促進する観点からマイナスである。生活保護は法定受託事務であり、国と地方が共同して実施する責任があり、特に地方のうち都道府県の広域行政の責任にはきわめて大きなものがある。特に医療政策、住宅政策、就労支援などの都道府県行政との連携は不可欠である。
三　生活保護を、福祉事務所の最前線で、市民に対する有益な業務であり、地域福祉の原点と捉える必要もあり、国の「下請け」と捉えることは誤りである。
四　市民への「最低生活の保障」の責任から逃げ、「国の責任」のみを強調する地方自治体の姿勢は、生活保護に関する地方の責任を曖昧にして「貧困者」を切り捨てる地方行政と捉えかねられない。
五　二十一世紀の今日、生活保護と他法他施策を一体的、総合的、整合的に動員してこそ、地域福祉の充実が図れるし、「自立助長の支援」、「被保護からの脱却」という生活保護の目的も達成される。
（第8回生活保護費及び児童扶養手当に関する関係者協議会十一月十八日・資料の京極発言メモ）

ここでは、極めて抽象的にだが、当面の三位一体改革での財政的見直しにとどまらず、将来における生活保護制度の在り方がそれなりに示唆されている。それを社会保障の実施体制との関連で、国と地方の関

図表10－1－1　これからの社会保障の実施体制（案）

- 年金は，全国的にばらつきがないように国が中心に実施
- 生活保護は国と地方とが連携して実施
- 医療保険は，都道府県など市町村を越えた広域で実施
- 福祉・介護は，住民に最も身近な市町村が中心に実施

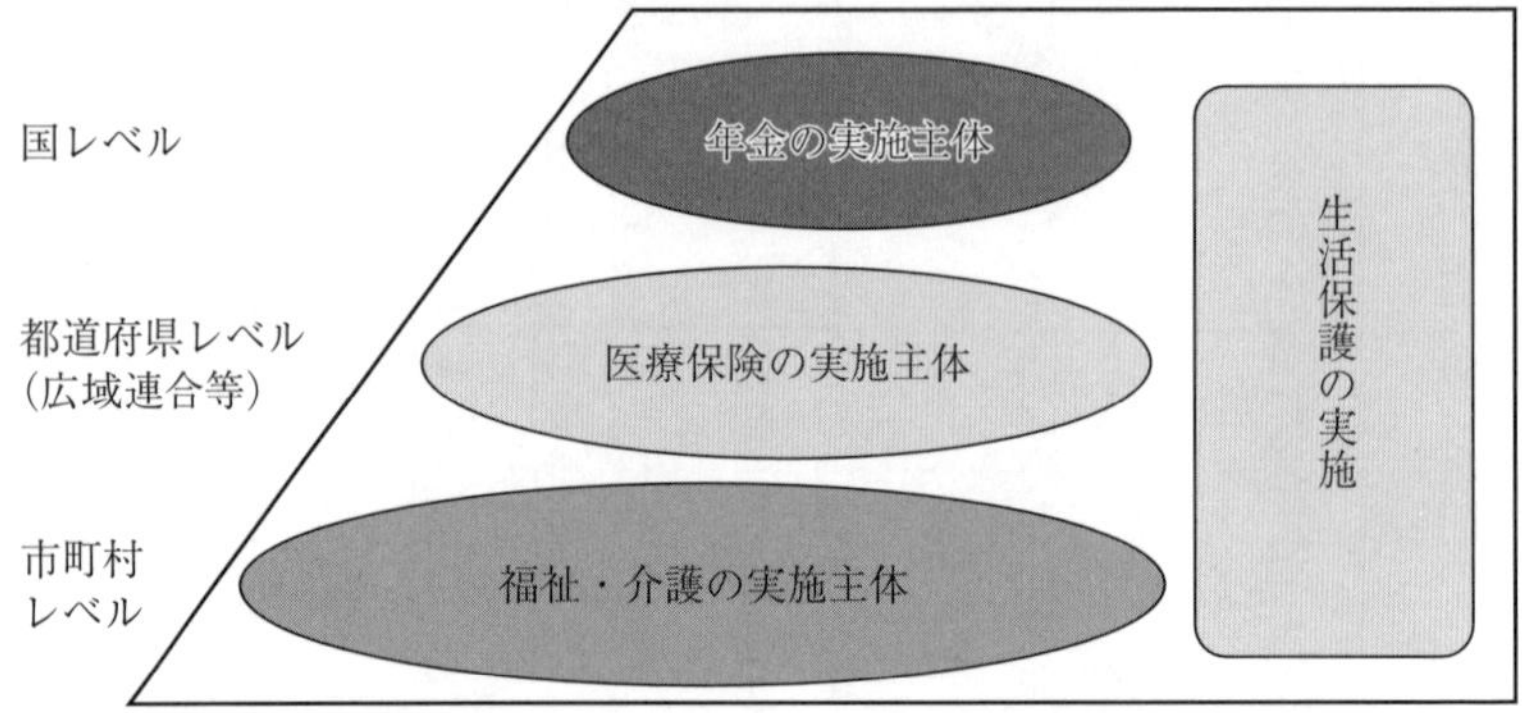

出典：生活保護費及び児童扶養手当の在り方に関する関係者協議会（2005）第8回資料。

係に焦点を合わせて図示すれば図表10－1－1のようである。

ここでは、年金は、全国的にばらつきがないように国が中心に実施し、医療は都道府県など市町村を超えた広域で実施し、福祉・介護は、住民に最も身近な市町村が中心に実施するのに対し、生活保護は社会保障の最後の砦として国と地方とが、より具体的には国と都道府県と市町村とが連携して実施する旨が描かれている。その点を少し敷衍していえば、生活保護は第一に所得保障の関係でまず、低年金者への補足機能を含めて年金と大きな関わりを持ち、また第二に医療扶助との関わりで医療保険との関係があり、第三に介護サービスなどとの関係で福祉・介護の実証体制の在り方に関わるので、国レベルと都道府県レベルと市町村レベルのすべてに密接な関連を有しているからである。もちろん、このことは生活保護費の財源負担について、国が三分の一、都道府県が三分の一、市町村が三分の一という関係に置かなければならないということを必

ずしも意味しない。国が四分の二（二分の一）、都道府県が四分の一、市町村が四分の一にということも、あるいは道州制では国が四分の一、道州が四分の二（二分の一）、市町村が四分の一にということも考えられる。あるいは国が五分の二、都道府県が五分の二、市町村が五分の一になどの変化球も考えられよう。というのも財源負担関係はいわば政治学的に定まるもので、国・地方の財政事情や役割分担関係の実情などに左右される政策的議論を必要とし、財政学または行政学から一方的に学問的にアカデミックな結論は出ない。いずれにしても、地方分権化の推進は、将来の日本のかたちを形成するもので避けることはできないが、一方で国と都道府県との関係改善を、他方で都道府県と市町村の関係改善を図りつつ大胆に検討を進めていかねばならないだろう。

さて地方自治体と総務省は、近い将来、道州制の導入を目途しているようだが、地方六団体と総務省が主張しているように、これまでの経緯により生活保護行政から都道府県が手を引けば現在の矛盾はますます拡大するだろう。そうした道州制は国民生活で最も重要な最低限の生活保障である生活保護から手を引くことになるが、繰り返し述べれば欧米諸国の例（図表7－1－2参照）からみても、州（国）が公的扶助の実施機関であるのと対比すると中央政府（国）と市町村（実際上は市区）の二者のみが生活保護を所管し、都道府県（ないし道州）がいわば中二階となって空洞化するという誠に奇妙な構図となろう。

そして、第二部で述べたように、各個別扶助も生活扶助を中心にできる限り、各個別扶助を地方（都道府県ないし市町村）の事業（ただし、国の補助金を交付金として支給することは前提）とすることが考えられる。その方が生活保護行政と地方の他法他施策と連携しやすいからである。

なお、医療扶助はわが国の場合、生活保護費を生活扶助とほぼ二分するほど大きいのが特徴的であるが、将来的には介護保険の場合の介護扶助と同様にすべきだと考える。すなわち、国民皆保険の理念を貫き、被保護者も国民健康保険の被保険者（加入者）にとどめおき、そのためにすべての被保護者に生活扶助から保険料分をプラスで支給し、医療サービスを受けた一〜三割の利用者負担のみを医療扶助で支払えば、現行の医療扶助の七〜九割が浮き、国家財政が軽くなるだけでなく、都道府県の適正化の機能がより充実強化され、その一部分を従来の国民健康保険の赤字補塡などに繰り入れることも可能であろう。もちろん、現時点では市町村の強い抵抗もあろうが、近い将来に国民健康保険が都道府県レベルに統合されれば、市町村の抵抗もあまりなくなるかもしれない。平成二十一年度から国民健康保険が統合され、高齢者医療保険制度が発足するのに対応して、その際に生活保護の医療扶助の在り方をぜひとも見直すべきであろう。またそうした財政的理由だけからではなく、あくまで医療扶助の健全な在り方としても、その方が社会保障における国と地方の役割分担からみて望ましいように思われるからである。

また、生活扶助の各種加算についても、戦後の高度経済成長期までのように、他法他施策が極めて不十分な時期においては、当然に必要視されたものだが、各種社会保障制度が整備され、民間資源も豊富になってきた今日では、原則的に加算は廃止し、他法他施策の活用をより強化すべきではないか。例えば財政的理由でその見直しが始まっている母子加算についても、一応の結着をみたが、現在財政が苦しいからといって、最もいと弱きものをいじめるということではなく、母子世帯の自立支援のために就労支援や子育て支援などをもっと強化し、かつ教育扶助や生業扶助をもう少し手厚くし、児童扶養手当や特別児童扶養手当が成立している以上、その一部を運用することも考えられる。

また、級地の見直しにしても、地方分権化の推進にとっては、細かなことまで国が定めるのではなく、当面は都道府県や政令指定都市（将来は道州）が級地を定めた方が現実的である。特に奇妙な今日的現象、大都市から人里離れた山村僻地で自然環境が豊かで生活費もさほどかからない二～三級地の被保護者が市町村合併で中心部の政令指定都市に組み込まれると、一級地の生活扶助が受けられるというのは、いかがなことであろうか。また国がナショナル・ミニマムの標準を定める関係上は、生活扶助について各都道府県で扶助基準を定めるべきであろう。さらに、他の扶助に関しては地方に委ねケースバイケースで都道府県ないし市町村が基準設定や他法適用を決めることが望ましいように思われる。

なお、これからの生活保護法（旧訳の Daily life Security Law でなく新訳では Public Assistance Law）としては、例えば、障害者自立支援法のごとく、その理念を生活保護法第一条の古い概念の自立助長ではない新しい概念の自立生活の支援（自立支援）に置くとすれば、「名は体を表す」がごとく、既にふれたように「自立生活支援法（仮称）」などの名称変更も必要不可欠であろう。[5] そうなれば、生活保護と異なる他の公的扶助である単給の児童扶養手当や障害者手当なども組み込むことが可能となり、通知や要綱のレベルの生活資金貸付制度なども当該法の中に組み込むことは十分可能であろう。いずれにしても、今日の社会福祉にとって新しい理念である「自立支援」における自立は自助のような手段概念でなく、共助（互助）や公助とともに達成する目標概念であることを十分に認識した名称変更である必要があろう。ちなみに障害者自立支援法において、自立は法律名称に史上はじめて取り入れられたが、自立については次のように私は考えている。

「自立」は人間という主体的存在にとって最も重要な概念であり、社会福祉の今日的理念（自立支援）のキーコンセプトとしての特別な意味をもっている。すなわち、今日の社会福祉理念は従来の弱者救済や弱者保護という理念と異なり、各種ハンディキャップをもっている人々の自立した生活（日常生活及び社会生活の両面）の支援という点で、社会福祉に関わる政策、経営、実践の諸相で決定的な意味をもっている。

この自立は、現行生活保護法第一条でいう「自立助長」とは区別されなくてはならない。というのは、この「自立助長」の「自立」は経済的自立ないし自助（self help）」の意味があるが、今日の自立は単にそれにとどまらず、身体的、精神的、社会的な人間生活の諸側面の自立という目標概念だからである。

例えば重い障害や疾病をもつ者においても自立は目標概念として認められるべきで、障害の軽い者や働ける低所得者にのみ自立を求める考えは、経済主義的な偏向した考え方である。

この自立には、次の三つの諸条件、すなわち、①自己決定（self determination）ないし自己選択（self selection）、②自己可能性（capabilities）の追求ないし自己開発（self development）③自主的運営（autonomy または self management）がそれである。すなわち、自立した個人にとっては、必要な援助を公けや他人から受けるとしても、自己決定で自らの開発可能性を追求して、自主的運営で行えば必ずしも依存ないし従属（dependence）ではないのである。

こうした新しい自主概念から生活保護の在り方を見直す今日的必要があろう[6]。ただ、当該法の実施責任は各々、国と地方で持つとしても、運用の仕方は実情に合わせて必ずしも市町村行政が直轄するのでなく、市町村社協や都道府県社協への委託などの民間活力も生かしながら、より具体的に考えるべきであろう。

第二節　保健福祉労働総合センター構想

地方分権化の推進による市町村合併と生活保護行政の権限変化により、福祉事務所は現在、大きな転換期を迎えている。[7]

現在の福祉事務所の政策課題は次の二つであり、すなわち第一の課題は問題解決に向けた組織的な対応であり、第二の課題は職員の資質向上である。

第一の課題には、第一に福祉事務所として処遇方針を明確化し、担当職員個人が支えるのでなく、福祉事務所全体が支える仕組みを構築すること、第二に公共職業安定所（ハローワーク）、その他関係機関との連携、協力にあたっては、担当職員のみでなく、所長をはじめ福祉事務所が組織として対応することが含まれている。地方分権化がより推進されれば、将来的にはハローワーク（分室）と福祉事務所の合体も考えられてよい。[8]

また第二の課題には社会福祉主事の資格を有していない査察指導員、現業員に対して必要な講習機会を確保すること、またいわゆる三科目主事に対して、新任研修カリキュラムの活用の促進を図ることが含まれている。特に第二の課題の延長線には、社会福祉士の有効活用を考慮に入れ、現行社会福祉士の機能に各種の就労支援（母子世帯、障害者、その他の被保護世帯員等への就労支援）の能力を引き上げることを前提にして、新しい主事を創設することも検討されてよい。[9]むしろ現業員の方は、新しい主事の有資格者にかかわらず、まさに現任訓練で生活保護事務に習熟した現業員資格（必ずしも国家資格でない任用資格）を新たに創設した方がよいかも知れない。

そうして、福祉事務所が生活保護を中心に、就労支援機能をハローワーク（将来は都道府県と政令指定都市へ権限委譲と民営化が望ましいが）等と連携していくソーシャルワーカーによる現業機関として強化されることが望まれる。こうした福祉事務所は、現行のように市（区）のみが必置ではなく、すべての町村にも必置されてしかるべきである。とすれば、都道府県の郡部福祉事務所はすべて市町村福祉事務所に権限委譲され、都道府県は、ホームレスなど市町村で取り扱うにはふさわしくない住所不定の対応などに限定し、就労支援や住宅・教育関連の支援を主たる業務として行う保健所と（さらに将来は職業安定所とも）合併した総合保健福祉センター（仮称）となるほかはない。ここに都道府県本庁から各種の社会調査や保護基準の作成を依頼することは十分可能なので、総合保健福祉センター（仮称）は必ずしも現業機関だけの存在ではないと思われる。そこに、さらにハローワークの機能を付加すれば、文字どおりの保健福祉労働総合センター（仮称）が都道府県では設立可能となるわけである。

ただ、ごく典型的な一例を示せば、例えば生活保護を受けて入院中の精神障害者を退院させ、社会復帰させていくためには、市町村の福祉事務所だけの対応では困難であることはあまりにも明白で、保健福祉行政のみでなく労働行政を包括する総合的機能を持つ都道府県、将来的には道州の保健福祉労働総合センター（仮称）の役割、特に計画行政の拠点としての役割は絶大なものとなろう。(10) 道州は都道府県を統合した国としての機能を持つ広域圏となることから、市町村への行政指導や計画行政は従来の都道府県レベルで対応せざるを得ず、国のそうした機能は道州に移行するとすれば、総合保健福祉センターをはるかに凌駕する保健福祉労働総合センター（仮称）の道州域内の複数設置（都道府県単独）は不可避であるようにも思われる。

いずれにしても、生活保護行政における都道府県と市町村との役割分担は今後、地方分権化の方向に沿って現行とは大きく異なった方向に流れざるを得ない。今後における地方分権化の推進にとって都道府県と市町村の役割分担を明確にし、市町村の福祉事務所がますますケースワーク機能を高めると同時に、都道府県の保健福祉労働総合センター（仮称）が財政的および技術的支援を中心として、地方分権化する労働行政を含めて広域行政としての本領を発揮するようにすべきである[11]。

いずれにしても、生活保護の在り方は国と地方の役割関係を論ずる以前の課題として、二十一世紀の国民生活を支えるナショナル・ミニマムとしての国民の最低限の生活保障と自立支援をどうするかが最大の課題であり、ある意味では国と地方の財政負担関係や権限移譲関係はいわばどうでもよい問題にも思われようが、逆に二十一世紀における国民の最低限の生活保障と自立支援をより効果的に実現するには、戦後半世紀以上に及ぶ現行の国・地方関係のままで、果たしてよいのかを国民の立場から再度問い直さなければならなくなってくるように思われる[12]。もちろん現行生活保護法に関しては、国籍や家族（世帯）などの扱いに関する問題や保護請求権の問題や補足性の原理の問題など本書で論じられていない多くの検討されるべき課題も存在している。が、本書ではこれらを今後の研究に委ねざるを得ない[13]。

いずれにせよ以上をもって、地方分権化を推進する立場から国と地方の役割分担を中心にした生活保護制度の改革に関する視点と若干の論点についての私の政策科学的な分析を終える。関係者周知のとおり生活保護制度の研究自体が極めて多方面の学際的分析を不可欠としており、また将来展望に関して、道州制を見据え、社会保障と税制をめぐる国と地方の役割分担といった行財政的分析を必要不可欠とすることから、生活保護改革論議は政治的には、あるいはマスコミ的には喧《やかま》しくできるとしても、学問的には極めて難しい幅広の検討が避けられない。本書もそうした検討のささやかな素材の一つとして提供されていることを最後に記し、本書のむすびとしたい。

注

（1）より具体的には、平成十九年度より、母子加算を五年かけて段階的に廃止し、その間、貧困母子に対して、働いている場合には一万円／月の給付金、働いていない場合には五千円／月を支給する。また生活保護水準の引き下げに関しては、厚労省としても制度見直しの時期に合わせて、検討された。

（2）全国知事会・全国市長会（二〇〇六）『新たなセーフティネットの提案』二〇〇六年十月二十五日では、関係者協議会の打ち切りに批判的で、自らの手で生活保護制度の抜本的改革案を提出している。しかし国と地方の財政負担関係については、旧来どおりの主張となっている。

（3）例えば尾藤廣喜・松崎喜良・吉永純（二〇〇四）『これが生活保護だ』高菅出版などを参照。またアカデミックな分析、例えば三和治（一九九九）『生活保護制度の研究』学文社、などにおいても、また運動論サイドの分析で杉村宏・藤城恒昭監修（二〇〇四）『どうする？生活保護「改正」――今現場から』みずのわ出版、などにおいても同様に、生活保護改革については方向性が必ずしも出ていない。

（4）二〇〇五年十一月二十五日「第9回生活保護費と児童扶養手当に関する関係者協議会」資料。

（5）生活保護法の名称を変更する私の提案は、京極高宣（二〇〇二）「救護施設はどうあるべきか」（『京極高宣著作集』第九巻、中央法規出版、第八章所収）を参照。

（6）京極高宣（二〇〇一）『この子らを世の光に――糸賀一雄の思想と生涯』ＮＨＫ出版、参照。

(7) この点に関しては厚生労働省社会・援護局長の中村秀一氏の全国福祉事務所長会議での講演が最も新しい。中村秀一（二〇〇六）「生活保護の現状と課題について」『生活と福祉』六月号、全国社会福祉協議会、参照。

(8) これは私案であるが、イギリスでは二〇〇六年七月より社会保険事務局と職業紹介所が合体し、「ジョブセンタープラス（Job center plus）」となって生活保護と就労支援を統一的に行っていることが参考となる。本書図表7-1-2参照。

(9) この点は日本社会福祉士会で平成十八年以降より検討が進んでおり、社会保障審議会福祉部会（二〇〇六）「介護福祉士制度および社会福祉士制度の在り方に関する意見」でもふれられ、今日ではカリキュラムとシラバスの検討段階に入っている。

(10) この保健福祉労働総合センター（仮称）の構想は、古くは、京極高宣（一九八四）『市民参加の福祉計画』中央法規出版『京極高宣著作集』第三巻（二〇〇三）中央法規出版、所収）、で出されたものだが、その後現実化し、区レベルでは世田谷区など、県レベルでは沖縄県などが実行している。

(11) 田村達久（二〇〇七）『地方分権改革の法学分析』敬文堂、第8章、参照。

(12) 京極高宣（二〇〇八）「年頭所感　二〇〇八年を迎えて——今年の社会保障・社会福祉を展望する」『生活と福祉』六二二号、二〇〇八年一月所収）参照。

(13) その点で、小川政亮（二〇〇七）前掲書『小川政亮著作集』（全八巻）大月書店、は検討素材の豊かな宝庫ともいえるもので、今後の生活保護研究の前進は、小川説の系譜を引くか否かにかかわらず、小川氏の業績を批判的にせよ、しっかり踏まえなければ不可能であるように思われる。

参考文献

京極高宣（一九八四）『市民参加の福祉計画』中央法規出版（『京極高宣著作集』第三巻（二〇〇三）、中央法規出版、所収）。

三和治（一九九九）『生活保護制度の研究』学文社。

京極髙宣（二〇〇一）『この子らを世の光に――糸賀一雄の思想と生涯』ＮＨＫ出版。

京極髙宣（二〇〇三）「救護施設はどうあるべきか」（『京極髙宣著作集』第九巻、中央法規出版、所収）。

尾藤廣喜・松崎喜良・吉永純（二〇〇四）『これが生活保護だ』高菅出版。

杉村宏・藤城恒昭監修（二〇〇四）『どうする？生活保護「改正」――今現場から』みずのわ出版。

「第九回生活保護費と児童扶養手当に関する関係者協議会」資料、二〇〇五年十一月二十五日。

中村秀一（二〇〇六）生活保護の現状と課題について」『生活と福祉』六月号、全国社会福祉協議会。

全国知事会・全国市長会（二〇〇六）『新たなセーフティネットの構築』二〇〇六年十月二十五日。

社会保障審議会福祉部会（二〇〇六）「介護福祉士制度および社会福祉士制度の在り方に関する意見」二〇〇六年十二月十二日。

田村達久（二〇〇七）『地方分権改革の法学分析』敬文堂。

小川政亮著作集編集委員会（二〇〇七）『小川政亮著作集』（全八巻）大月書店。

京極髙宣（二〇〇八）「年頭所感　二〇〇八年を迎えて――今年の社会保障・社会福祉を展望する」『生活と福祉』六二二号、二〇〇八年一月所収）。

補論（対談）生活保護を見直す

岩田正美（日本女子大学教授）
京極高宣（国立社会保障・人口問題研究所所長）

一　戦後日本経済と貧困問題

京極　最初に、生活保護制度に関する岩田正美先生との対談を戦後日本経済と貧困問題との関連から入っていきたいと思います。

日本における近代的な公的扶助としては、戦前に救護法が生まれましたが、第二次世界大戦に突入するなかで実際上はほとんど機能しないまま敗戦を迎えました。敗戦後、たくさんの戦争罹災者、ホームレス、貧困者などが出て、戦後改革の一つとして生活保護制度ができました。この制度が敗戦後の国民生活の基礎を支えるために果たした役割は決定的に大きかったのではないでしょうか。

その後、長期の高度経済成長時代のなかでは完全雇用がある程度達成され、さらに年金制度をはじめとする各種社会保障制度が確立して、生活保護世帯をかなり減らすことになりました。

しかし、高度経済成長以降になると、人口高齢化の進行のなかで、働ける貧困者（ワーキング・プア）ではなく働けない貧困者（ノンエイブルボディド・プア）の問題が大量に出てきました、その人たちが生活保護の対象になりました。現在では流動的な過剰人口は失業保険が大きくカバーしているもののかなり減少し、潜在的なほうは、従来のように農村部ではなく、都市部の零細自営業者などの過剰人口が都市の底辺あたりにあると思います。

また、停滞的なほうはニートやフリーターの問題があり、その下に被保護者がいるわけです。近年では再び働ける貧困者（ワーキング・プア）の存在も指摘されるようになりました。また他方で、路上生活者

（ホームレス）などのルンペンプロレタリアートといわれる人たち、時に医療扶助で対応されるということはあるものの、生活保護を必ずしも受けていない人たちもいます。そういうような貧困状況のなかで、主として生活保護は働けない人に対応しているわけです。とりわけ、近年のバブル崩壊後の不況下で被保護者が急増して新たな役割を果たしていますが、その構造は変わっていません。

今日、生活保護が貧困世帯をどのように支えていけばいいかは大きな政策課題ですが、かつての英国ブレア政権のようにウェルフェア・トゥ・ワーク（Welfare to Work 福祉から就労へ）という考え方で、働ける人々を生かすことがこれから必要です。また戦後、生活保護制度ができたときは、国が地域から個人や世帯を取り出して保護（生活扶助等）を与えたのですけれども、いまや国の体系も大きく変わりつつあるなかで、地域の支えや、その在り方についても議論したい。

特に近年の貧困問題の特徴という点では岩田先生はご専門ですので、最初に少しお話ししていただければ幸いと思います。

貧困問題の社会的側面

岩田　京極先生は経済学者ですので「日本経済と生活保護」というふうにおっしゃいましたし、貧困問題のいちばんの基本は経済構造にあるわけですが、同時に、社会的な側面、例えば、家族や世帯の規模とかライフコースの変化という角度から、最近の貧困問題をみていく必要もあるかと思います。

貧困の測定にはいろいろなやり方がありますが、どんなやり方でやっても近年の貧困と強く関連した要素を把握することができます。

第一点は離婚です。離婚した場合に貧困に陥る可能性は非常に高い。それか単身世帯です。特に高齢期はたいへん所得格差の大きい段階ですけれども、女性の高齢者が単身で賃貸住宅に暮らしているということになりますと、これは非常に高い確率で貧困世帯として抽出できるというようなことがあります。

第二点は、学歴・学力です。学歴の低さなどは差別的に響くこともありますから、なかなか指摘しにくい側面もありますが、このごろは教育学の分野でも学歴や学力の格差と貧困の関連が問われています。私どもの調査でも、やはり低い学歴のところで貧困やいろいろな問題が集中的に現れています。例えば最近、向老期の女性の所得や住宅所有の調査をしたのですが、中卒と大卒とを比べますと、統計上非常に明らかに有意差が出てきます。

これは、最初の機会の不平等が、高齢期近くまで続いてしまうということですね。戦前や一九五〇年代くらいまでは学歴が低くてもいろいろな人生の選択肢があったのが、そうではなくなっているように思えます。

離婚の問題は、家族の変貌やライフコースの自由度というか、選択肢が広がって、離婚自体に対してみんなが驚かない社会になったにもかかわらず、離婚すると非常に不利になってしまうということに注目する必要があります。離婚それ自体は個人と個人の関係の問題ですから、社会は介入できません。社会ができるのは、離婚してもしなくてもそれによって不利にならない社会、社会保障の完備が必要だと思います。日本は、外国と比べて、離婚による貧困率が高くなっています。外国も高いには高いのですが、日本が際立っているように思えます。

単身世帯の問題に戻りますと、単身化はどんどん進んでいて、この間の国勢調査ではすべての都道府県で、一世帯当たり人員は平成十二年より減少しているといっていますね。特に東京などはすでに平成十二年の時に単身世帯の割合が四割を超えていましたから、今度の調査ではもっと増えているでしょう。ところが、戦後の社会保障やいろいろな施策は、カップルか家族を前提に考えてきたので単身世帯はいろいろな点で不利なのですね。

東京都は少し前まで、少し違う角度から被保護世帯調査をしてきましたが、ある時、前年に被保護世帯になったばかりの世帯の調査をしたことがあります。その中で、初めて生活保護を受けた八十歳代の女性がおられたのですけれども、その受給理由は非常に単純で、夫が死んだためでした。

二人だと生活保護を受けずになんとか年金でやっていけたのに、一人が死んでしまうとだめになってしまう。もともとの年金額がそんなに高くはなかったということもありますが、これは、先ほど京極先生がおっしゃったニートやフリーターという若い人の不安定な就労や、潜在的な貧困がなぜ貧困として出てこないかということをいろいろ言われているのと同じ理由で、家族の中に潜んでいる問題なのです。これが単身化すると、貧困が顕在化してくる。ホームレスでも若いホームレスの可能性があるはずですが、日本の場合は必ずしもそうならないのは、まだなんとか家族のバックアップがあるからです。

ホームレスの平均年齢は五十五歳で、ここ十年くらい変わりません。中高年の特に男性ですけれども、これは単身で、半分は離婚、半分はもともと結婚していません。半分の離婚組ですが、離婚は母子世帯という女性の問題だと思われがちですが、その一方で、男性も非常なダメージを受けていて、ホームレスになるひとつの要因になっています。もともと結婚しなかった単身者は自分の生活だけで手一杯で家族の形成ができなかったのですね。むろん困っても家族の支えはありません。

公的扶助である生活保護の役割

岩田　もう一点指摘しておきたいのは、借金の問題です。これは生活保護世帯の問題としても出ていますし、つい先ごろも問題になりましたね。以前よりもっと貧困層や障害者などが被害者になってきています。

さて、こうした最近の貧困リスクの状況を前提として、生活保護の役割を考えてみましょう。まずほかの社会保障との関係で生活保護の役割を明確にしておく必要がありますね。ほかの社会保障は、基本的には平均的なライフサイクル上のリスク、失業、病気などに対して、平均的なスパンでそれに対応するという仕組みになっていて、工業社会の雇用者家族をひとつのモデルにしてつくられました。

しかし、生活保護の役割は、社会保障が標準的にとらえきれないリスクで、いま貧困だという人に対して公的扶助が対応するのです。そういう意味で、ほかの社会保障と公的扶助は、いわば対になっているわけです。

この構図はいまもって変わらないわけです。これは日本も含めて世界中同じだと私は考えますが、先進諸国では、一九八〇年代から一九九〇年代にかけてリスクが非常に変わったと、標準型じゃないリスクが出てきたということが明確に意識されました。そして、だんだん縮小されていくだろうと思われていた公的扶助が、むしろ、それなりの役割が否応なしに求められるようになってきています。生活保護について制度疲労といった言い方を昨今聞くのですが、むしろ、現在の新しい貧困にどう対応するのか、という問いかけが必要ではないかと思います。

京極　現在の被保護者の構成は、平成十六年度は高齢者世帯がいちばん多くて、四十六万六千人です。次いで傷病・障害者世帯が三十五万人、母子世帯が八万七千人、その他世帯が九万四千人で、敗戦直後と異なり、特に高齢者世帯の貧困化が進んでいます。意外に、年金受給者（低年金層）は半分くらいで、年金制度は成熟したと言うけれども、五割近い取り残された方々の問題にも光を当てる必要があります。また、傷病・精神障害者の方々で就職の道がないということですが、働くためのいろいろな訓練も受けられないというような状況もみられます。

生活保護制度が、戦後の初期に果たした役割や高度経済成長期に果たした役割とは違った、かなり重みのある今日的役割を現在もつようになったということは非常に理解できるし、福祉事務所のケースワーカーによる生活保護からの経済的自立が重要性を増しています。とは言うものの、生活保護制度の在り方それ自体も一方で考え直さなくてはいけないという思いがあります。

二　生活保護制度の短・中期的在り方について

京極　平成十五年「生活保護制度の在り方に関する専門委員会」（以下、「専門委員会」）が、社会保障審議会の福祉部会のもとにつくられました。福祉部会長の岩田先生が座長で、私が副座長（座長代理）で、現場の方にも多数入ってもらって相当議論をしました。生活保護体系の問題と生活保護基準の問題がありますが、特に議論したなかで、具体的には、老齢加算の段階的な廃止、高校就学の費用を生業扶助の中に盛り込む、などいろいろな改善をやりました。そのときの印象などをお話しいただきたいと思います。

二つの議論の意義

岩田　この専門委員会は生活保護基準について、水準が高いのではないか、特に加算はいらないのではないかという問題の投げかけがあり、その検証をしようということでした。むろん水準以外にも生活保護制度全体について、かなり網羅的な議論をしたと思います。このラウンドでの生活保護制度の議論としては、従来にない議論を進めたと思っています。

さらに、三位一体がらみの関係委員会で、また別の角度からかなり突っ込んだ議論がされています。前提として生活保護世帯が増えた、保護率が上がったということが背景にあるわけですが、単身化が進んでいるので、世帯数が多くなったことは事実ですが、保護率そのものはたぶん第二次オイルショック時と同じくらいか、ちょっと下くらいではないかと思うのです。

京極　第二次石油危機のときが一二・二‰で、いまが一一・一‰です。

岩田　私の個人的な意見ですが、外国をみますと、日本はもともと保護率が低いので、ちょっと上がったくらいであまり騒がないほうがいいと思います。ただ、世帯数が増えたことに関しては注目したほうがいいと考えています。きっかけはともあれ、二つの議論ができたということは、よかったのではないかと思います。

生活保護基準については、学生に教えるときは、水準均衡方式で算出することをマーケットバスケット方式からの変遷で教えるわけですが、もっと大事なのは、それは標準三人世帯について算定する時の方式であって、具体的には、年齢別・世帯人員別の展開の仕方が別にあるのですね。だから通常考えられているように、高齢者の単身世帯をいきなり年金と比較できるかというと、実はそうではない。基準の問題は、標準世帯における妥当性とその展開の在り方についての妥当性の二重構造になっていることがよくわかったことは収穫でした。

委員会はその点について議論を集中して、生活扶助のなかの1類と2類の両者の割合や、1類の年齢区分の問題を議論して、最終的には、モデルをもう少し多様化すべきではないかという結論に達したわけです。そもそも標準三人世帯は、単身化が進んでいる今日の保護世帯の何割ぐらい存在しているのだろうかという疑問も出てきたのです。

もちろん、生活保護は被保護者だけのものではなくて、国民全体のミニマムを呈示するので、そういう意味では、標準世帯というのが現実の保護世帯と解離しても構わないと思います。しかし、モデルからの展開のやり方の矛盾というのは別にありますので、モデルを、例えば単身世帯、二人世帯、三人世帯でつくり、それ以上の人数の世帯については展開でやっていくというようなやり方が、少なくともここしばらくは合理性をもつのではないかと考えています。

この点については、まだ単身モデルの策定まではいっていないと思いますが、1類年齢区分の見直しや、多人数世帯の逓減率の導入といったかたちで整理されていくと思います。

またゼロ歳児の人工栄養費について時代遅れの問題なども議論されたのですが、そんなところに制度疲労が端的に現れていました。そういうことが少しわかったところに今回の意義があったと思います。そこで、加算の見直しだけではなくて、単身モデル等をぜひ導入していただきたいと思っています。

メリハリのある生活保護行政に向けて

京極　この委員会の前半部分で「中間取りまとめ」が平成十五年十二月十六日に出ました。このなかで生活扶助基準の評価については、「おおむね妥当である」ということをかなり実証的に検討しましたので、それなりに意味があったと思っています。つまり、世間で一般的に言われている「低過ぎる」とか「高過ぎる」ということでも必ずしもないということですね。かなり低所得の第1・十分位の人々と比べて、基本的には同じくらいのところだということがわかりました。

日本の生活保護の扶助体系は、生活扶助を基礎にしていますが、医療扶助がたいへん大きくて、諸外国では医療が無料のところは、当然ながら医療扶助はあり得ませんね。

アメリカは医療扶助のメディケイドがあって、生活扶助とは別の体系になっています。日本はこの生活扶助と医療扶助との二つが生活保護の扶助体系の柱になって、そのほかにたくさんの扶助が付属的についていて、それなりに役割を果たしてきました。戦後しばらく他法他施策があまりない時代に、介護保険はもちろん国民皆年金・皆保険ではなかった時代にすべて生活保護が自己完結的に対応したものでありましたが、はたして今日はそれでよいのか。非常に「心のこもった」制度ですけれど、他法他施策が発達するなかで、将来的には「心をこめて」扶助体系を整理する必要があると思っています。

私は「十二単衣《ひとえ》」という言葉をわが国の公的扶助体系に使いましたが、地方分権化を視野に入れて、取り敢えず八つの複雑な扶助をもう少しすっきり整理してもいいのではないかと思っています。

もちろん当面は、非常に有効で短期的な対応としては自立支援プログラムを福祉事務所がきちんともって、ケースバイケースで対応していくことです。一律に給付すればそれで終わりといった生活保護ではなくて、新しいプログラムをもってやっていける福祉事務所の在り方も含めて議論したことは、非常に妥当なものだったと思っています。

しかし、将来的な問題ではいろいろな検討課題が残りました。扶助のなかに短期的な扶助と長期的な扶助があるべきで、特に長引く不況のなかで失業給付が切れて、一時的に生活保護にいかざるを得ない場合や母子世帯になって間もない時期の場合は、ほんとうに「一時的」であってほしいので、これは短期扶助として最初から割り切って取り組んでほしいと思います。

現在は福祉事務所ごとに、あるいはいわゆるケースワーカー（公的扶助ソーシャルワーカー）の個人的努力でやられていますが、構造的に扶助体系を幅広くし、各種の加算をつけるのではなくて、生活扶助に短期扶助と長期扶助の区別を設けるべきではないかと考えています。そのことで少しメリハリのきいた生活保護行政ができるのではないかという問題提起もさせていただきました。

一括扶助から分割・組み合わせの扶助へ

岩田　「専門委員会」のときには、保護基準と比較する国民の生活水準を何でみたかと言うと、全国消費者実態調査というデータでみたわけです。不幸なことに、このときはちょっと古いデータしかなかったこともありましたし、それから実は全国消費者実態調査というのは、単身世帯もカバーはしているのですが、やっぱり単身世帯は落ちやすいわけです。

京極　そうですね、調査対象からもね。

岩田　とりわけ母子などの場合はそうです。かなりの大規模調査ではあっても、取り出すと母数が小さいわけです。その小さいところをまた所得階層区分で等分して、下から三つくらいを取ったわけですが、そうすると、ここに入っている世帯の実数はとても小さかった。これは研究者として見た場合にほぼ妥当という結論は出しましたけれども、母子加算をそのままやめようということにならなかったのは、データの不安定性が背景にあったからです。

それから、水準均衡方式は一般世帯の六割から七割にするのが妥当だという考え方ですね。これで考えると、所得階層別に算定する必要はなくて、単純に平均を出してその六割から七割のところの人を、合っているかどうかとやればいいような感じもしないでもないのです。結論的に言うと、そんな感じに実は出ているわけです。

つまり、国民全体の消費状態のなかで生活保護を比較するのか、下のほうのなかで比較するのか、ここを今後かなり議論していく必要があると思います。これは生活扶助だけのことですが、やはりマーケットバスケットの影響はまだ残っていますね。

年金などの場合、年金計算はかなり厳密にやるわけですが、生活保護についても基準を専門的に検証していくという機関なども恒常的にあったほうがいいのではという意見も、委員会では出ましたね。

日本の生活保護の特徴は、先ほどおっしゃった八つの扶助の組み合わせで最低生活の保障を図って、医療扶助と介護扶助はちょっと特殊な位置にありますが、いわば一括して扶助するというものです。

私は個人的には基本的に「パーツ主義」で、もっと単給を増やしてもよいと思っていますし、それをずっと主張しています。特に高齢者世帯の増大を前提にしますと、年金プラス住宅扶助、年金プラス医療扶助というような組み合わせがあり得るかと考えています。もちろんナショナル・ミニマムの観点からどうかといった考え方は当然出てくると思いますけどね。

特に、介護保険のほうからホテルコスト、食費というかたちで分割する方向に流れて、施設でのケアの保障なり、医療の保障など、いろいろな保障が「定食型」ではなくてア・ラ・カルトで行われてくるようになると、生活保護自体は、内部的には仕切っているものの、外部的には一括で決まっているため、新しい他制度とうまく接合しないのですね。どこでも同じような保障が必要な人にいくという仕組みは、今後のやはり大きな課題だろうと思うのです。

医療扶助の体系的問題点

京極　いま介護保険の見直しで、食事代とホテルコストの一部を年金から払ってもらうことになっています。そして、介護サービスは介護保険でというように分けていますが、被保護世帯・被保護者にとっても、介護保険料の利用者負担については生活扶助で、ホテルコストや食事代に関しては別として、一割負担分は体系的に介護扶助で出すということにならざるを得ないのですね。そうしないと、カットされるだけで払い切れなくなるから、そこのところを保護行政でどのように対応していくのかという課題があるわけです。これは障害者自立支援法による自立支援給付についても同様です。

ただ、医療扶助については、いまの国民健康保険制度があまりにも市町村主義で、圏域（ないし領域）がきわめて狭い。現在のところ、国民皆保険の美名の下で、医療扶助を受ける者は国民健康保険の被保険者から排除されることになっています。

国民健康保険法では、戦後ごく一時期、生活保護者については三カ月間だけ猶予して国保のメンバーに残していた時代があったのです。それがいつの間にか市町村の国保財政が厳しいということで被保護者が追い出されたかたちになっています。実際に医療費はかかるし、生活保護で医療扶助を受ける場合は金額的にも結構大きい。そこで留まって、それ以上深みに入らない道はあると思うのですがね。

いずれ国民健康保険が改革されて、広域市町村別ないし都道府県別になっていけば、介護保険と同じように、国民健康保険の保険料は生活扶助に足して、国民健康保険の加入者としてかかった医療費の三割なら三割分の負担を医療扶助でというように、介護扶助と同じような体系にしていかなくてはいけないと思っています。しかし、市町村の国民健康保険の財政事情が厳しくて、これは政治力学もあってなかなか実現は難しい。が、考え方として、国民皆保険とか皆年金と言われている割には、国民健康保険は被保護者をはずしています。被保護者は医療扶助を受けたら国保対象ではなくなるわけですからね。そこをもう少し単純な市町村主義ではない国民健康保険の新しい広域体系でできたら、そのときにこそ思い切って国民皆保険の理念でやっていいと思っているのですけどね。

岩田　医療扶助の国保の問題は保護の補足性原理との関係から言っても非常に不合理なわけです。ほかは、他法優先といっているのに、なぜそこだけを切り離すのか。生活保護世帯に対するスティグマの問題とも関わってくるので、介護扶助方式というのは画期的だったと思います。つまり、ほかの社会保障との「つなぎ」役ですね。だから、被保護層は全部の生活が駄目になってどん底にあるという考え方ではなくて、他の諸制度との組み合わせの体系があって、そのなかに生活保護世帯も入れ子のように入っていければ、同じ体系に乗っていますから、保護から脱却しようとしたときに生活の変化が小さいのですよね。

被保護層という独特の生活構造をつくらずに、ふつうの生活保障体系に乗せていく。ただし、お金は当然付けないと無理ですから、医療扶助として出すのが合理的だと思います。

保護制度における住宅扶助の必要性

岩田　住宅扶助も三位一体との関係で、切り離して地方に、などという案が突然出たわけですが、三位一体と切り離せば、住宅扶助単給は合理的だと、かねがね私は思ってきました。先進諸国のなかで住宅手当制度を社会保障制度のなかにもっていない国は日本くらいではないですか。単給に踏み切ると、どうしても対象層が増えていくという危惧があることと、住宅に関しては所轄の官庁が違うということもあって、「それは難しいでしょ」と言われてしまいましたけれど……。

住宅の基準そのものは、いまでも特別基準があって、やはり地域的なものですね。例えば、英国では住宅手当はみんな市のレベルで決めます。ただし、お金は国からきますね。だから、三位一体が絡んでいるから地方はいやだと言ったわけで、財政的な裏付けさえあれば、やっぱり住宅ほど地域差のあるものはないですから、地域的に考えたほうが合理的であると言えると思います。

京極　小山進次郎氏の古典的な名著である『生活保護法の解釈と運用』を読むと、住宅扶助をつくるときにやはり激論があったようです。諸外国では地方でやっているかどうかは別として、国の生活扶助には入っていないのはおかしいとむしろ含めて考えていて、住宅扶助を独立させて国の公的扶助でやっている国はないのですね。日本は戦後の住宅事情が非常に悪かったので、戦後の特殊事情、一時的なものだと小山進次郎氏自身が明言しているのです。その特殊事情が戦後六十年経って今日まで続いているわけはないのです。公営住宅とか老人アパートとか、いろいろな制度がありますが、生活保護制度から住宅扶助をはずして諸外国と同様にそういうものと一体となって地方行政（特に都道府県や政令指定都市）の手当制度にしていったほうがいいのではないかと思っています。将来的にみれば、国の生活保護制度のなかに住宅扶助をおく必要はないと思っているのです。特に公営住宅の整備も都道府県等によって全然違うし、その県の住宅手当みたいな、単給の補助金等いろいろありますが、そういうのと一緒にやって、むしろ国土交通省サイドにぶつけていって連携したほうがいいのではないかという考えもあります。

岩田　住宅扶助の問題は、もともとは家賃というよりは、むしろ補修費を出すところがなかったので分けたという経緯があるわけですが、これはちゃんと考えるべき問題だと思いますね。

基準づくりは地方でやってもいいですが、体系的にはやはり国がきちんと考えて取り組んだほうがいいと思っています。

いくつかの資産運用のパターンが必要

岩田　先ほどホテルコストの問題が出ましたが、病院や施設での福祉が完全になくならないとすれば、これを低所得者層が負担できないというニーズがありますね。これを住宅扶助（手当）でみてもらうというやり方をしますと、使い勝手がいいのです。一元化するのですね。地域にいても同じ住宅手当、その住宅手当をもって施設にも行く。英国のやり方では、施設は住宅手当を徴収する。その住宅手当の算定のときに、施設の場合はソーシャルワーカーのコストを上積みするのですね。これは地域毎にやるのです。それから、施設のパフォーマンスを勘案してやっていくわけです。かなり複雑な組み立てですけれども、きわめて合理的です。何が合理的かと言うと、どこにでも同じものが付いてくるという意味です。算定の根拠は一つ、住まいという意味ですね。どこに住んでも住まいに関する費用が負担できない場合は国家が補助するというやり方です。

日本の場合は、持ち家志向できましたから、なかなかそういう発想が出にくいということがありますが、高齢期に持ち家があっても施設に入るとか、入院するときに、年金で払えるのであればいいですが、基礎年金に住宅コストが含まれているとは考えにくいので、払えないということがあります。それで持ち家がある場合に、持ち家を解消しても施設のほうに入るかどうかというのは、個人の判断によると思うんですが、一時的な入院などの場合にはなかなか難しいですね。特に市町村では現実的に非常に難しいでしょう。

京極　それから、これは実際に現実化できなかったのですが、固定資産、持ち家や土地をもっている高齢者に対する生活扶助は、さしあたりは、これまでと同様に必要だとしても、やはり見直さなければならない。民法上では、仮にその人が死後お金を残しても遺産相続人が持っていってしまい、行政は何も取れないのですね。住宅の資産の評価もできない。当面の対応は別途考えるにしても、やはり将来的には法的に定めないといけません。死後に弁済して、きちんと清算することが必要ではないかと思います。

家を売って生活保護を受けるということは過酷なことで、生活保護に関するリバースモーゲージみたいなものを定めない限りは、難しいわけです（注）。個別法で死後弁済をきちんとやっていないので、遺産相続をあえて認めるという変なかたちになっています。しかも扶養義務を果たさなかった遺産目当ての親族が現れます。扶養義務と相続は関係しているはずですが、民法上の措置と生活保護上の措置が分離したために、そういうことになったわけで、これも今後の政策課題だと思っています。

（注）　厚生労働省は平成十九年度から六十五歳以上の生活保護対象者のうち持ち家に住んでいる人については、生活保護費を支

給せず、自宅を担保とした生活福祉資金貸付制度（リバースモーゲージ）の対象に切り替えた。

岩田　先ほどちょっと出ました長期保護というか、特に高齢世帯の年金を十分貰えない人の生活保障をどうするかという問題と少しくっつけて、特に地方の高齢世帯の場合、小さな持ち家がある可能性は非常に高いわけですね。もちろん大したお金にはならないでしょう。

京極　下りるかどうかもわからないですしね。

岩田　しかし、資産は資産ですからそういうことはありうると思うのです。やっぱり組み立て方として、高齢期に生活保護を受けて回復する見込みがない場合の考え方と、短期的に生活保護を利用して、もう一回本格的に労働市場へ戻れるような場合とは、当然やり方は違うわけです。

日本の生活保護の良さでもありますが、全国一律というか、全体としてはナショナル・ミニマムが一律にあって、それでいて一人一人の異なったニーズに対応するという非常に理想的な制度なのでしょうが、実際上はかなりやりにくい。さっきのモデルではありませんが、いくつかのパターンに分けて運用していくという考え方が当然必要だろうと思うのです。

英国では同じインカムサポートでも、高齢者の場合は違う名前にしているのです。そうしたほうがスティグマも起こりにくい。今日の日本は、高齢者が貧困で非常に困っているのを放置してもいいというほど貧しい社会ではないと思いますから、高齢者の長期保護と若い人の短期保護を分けていくような考え方が今後の大きな論点の一つになっていくだろうと思いますね。

三　三位一体改革と生活保護見直しの関係

財源をめぐる熾烈な議論

京極　平成十六年の暮れに政府与党で三位一体改革についての方針が出たことを受けて、生活保護、児童扶養手当に関する負担金の改革を平成十七年度中に検討を行い、結論を得るということになり、急遽検討会が開かれました。厚生労働大臣が座長格で、財務大臣、総務大臣、全国知事会の代表、市長会の代表、そして学識経験者が二人、お一人は地方財政審議会の木村陽子さん（元国立奈良女子大学教授）、もう一人は私が国立社会保障・人口問題研究所長ということで入りました。

これは当面の財源をどこで捻出して、国の財源をどこで切って、権限をどう渡すかという問題でして、数字合わせの財政論議になりますが、熾烈《しれつ》な議論がありました。

私はもともと、母子世帯の生活支援の一施策としての児童扶養手当と、子育てに苦しんでいる貧困世帯に対する生活支援としての生活保護とは、性格の上からも分けて議論すべきだと考えていました。

特に児童扶養手当については、つくられた経緯からも、ナショナル・ミニマムの確保という生活保護とはまったく異なる母子世帯への支援策の一つとしてできた制度を、たまたま同じ福祉事務所が所管して四分の三を国が負担して、あとの四分の一は地方ということになったので、そこだけが似ているものですから一緒にして議論したわけですが、厚労省の社会援護局と雇用均等・児童家庭局とは横並びでできない相談だから、私としては本来は分けて議論すべきだと発言したのです。

三位一体のなかで生活保護費を、国の補助金をただ減らせばいいということではなくて、将来的に国と地方はどういう負担割合を考えるべきかというのはいろいろ議論があります。全体としては確かにナショナル・ミニマムの保障で、国の負担がかなり大きいとは言うものの、市町村合併ですべての市町村が市になった場合に都道府県は保護費を一切出さなくてよいわけですから、そういうことでいいのか、生活保護全体に広域地方公共団体としての都道府県が深く関わっていくことを考えてほしいと思っています。もし、将来、道州制になったら国の代わりに生活保護費や補助金を出さなくてはいけない。そうすると、空洞化した生活保護行政を再び道州制が引き継いで全面的に展開するという非常に見通しのない空疎な議論がずいぶんあったような気がします。外から見ていて、岩田先生をはじめ関係者はやきもきしておられたのではないかと思うのですが、どうでしたか。

実施権限は都道府県にも

岩田　地方と国の責任の意味には二つあって、一つはお金ですね。財源をどちらにするか。それからもう一つは実施権限をどちらがもつか。そして、実施権限をもっているところは、やはり財政も負担しないとかなりルーズに保護をかけてしまうのではないかという疑念がもともとあったのだろうと思うのですね。そのへんは、日本の公的扶助の歴史、貧困救済の歴史というのがかなり地方に委ねられてきたという経緯があると思うのです。

私の意見は非常にはっきりしていまして、お金は国が出す、実施権限は都道府県、市町村は権限をもたないほうがいいという考えです。専門委員会でも意見が出ましたが、小さな規模の自治体は貧困を扱うにはキャパシティが小さすぎるということです。

社会福祉の動向が高齢者福祉の方向を向いたときに基礎自治体主義というか、身近なところでという声が大きくなったのは、当然の流れだと思います。しかし、貧困の場合は非常にスティグマがつきやすいのですね。社会福祉というのは二通りありまして、スティグマがつきやすいものは広域的にやったほうがやりやすいと思います。特にホームレスなど地域住民としてはなかなか認められがたい存在ですから、たらいまわしにされてしまうのです。

例えば、かつてホームレス状態の人に関して、知事が実施権限を留保して、福祉事務所ではない更生相談所で実施決定をするということをやった時代がありました。これは福祉事務所問題とも絡むのですが、私は、実施権限も市町村はもたないほうがいいのでは、と思っているのです。

それから、どのくらい地方は負担すべきかということですが、事務費というか、人件費などを地方がもっているわけですから、保護費それ自体は国が一〇〇％出してもいいのではないかと実は思っています。その代わり自立助長だとか、日本の生活保護は非常に複雑なので、いくつか付帯的なサービスを切り分けて地方がもつということはありうると思いますけれども、特に根幹である生活保護費は、全額国が出したほうがいいと。そのほうが貧困問題への解決に近いというか、貧困を固定させないということを考えますと、そういうふうにしたほうがいいと思いますね。

被保護層は、今日ではかなリマイノリティです、どうしても税金を払っている人たちの意見が強くなり、税金をそちらに回せなくなることはある。するとセーフティネットにほころびがくる。生活保護の利用者の利益よりも社会全体の目先の利益を考えるからです。もっと大きなところから社会の安定を確保するためには、やはり国が最終的に責任を取る事柄ではないかと思うのですね。

京極　生活保護体系でも、生活扶助みたいなものは、根幹だからナショナル・ミニマムということで国がかなり負担をして、仮に市町村にもすべて福祉事務所を置く場合は、もちろんすべての市町村にも若干の負担をさせる。だから都道府県は全然負担しなくていいかと言うと、そうではなくてそれなりの負担をさせる。ただ、都道府県がどういう関わりをもっているかですね。スーパービジョンの機能をいまだにもっているわけだし、生活扶助は別格としていくつかの扶助基準等については都道府県が決めてよいと思います。

このようにいろいろありますが、扶助のなかでは都道府県や市町村が決めていいのがかなりあるし、級地などについても、いまは国が決めていますが、都道府県等で決めていいのではないかと思います。私は、現状と岩田先生のお考えのあいだくらいですね。

労働行政と福祉行政の連携

京極　私は基本的には、生業扶助、住宅扶助や教育扶助もほとんど都道府県に任せてしまうという考えですが、医療扶助は大きい額なので、近い将来に国民健康保険が都道府県単位となれば変えなければなりません。いまの体系であるかぎりは、生活扶助と並んでどうこうするとは必ずしも言えないけれど、例えば葬祭扶助はほとんど市町村でいいのではないかと思います。

ハローワークは、地方分権化を図り、もう少し都道府県・政令市がやりやすくできるようにして、一部分は民営化も図る必要がある。もちろん、一部直轄しながら天領みたいなものをつくってもいいかもしれない。原則としてはもう少し地方分権化していくというかたちにすると、今日（二〇〇六年七月～）の英国のジョブセンター・プラスように生活保護行政の監督機能と就労支援の運用と結びついていくのではないかと思っています。

岩田　労働行政のほうは基本的に広域行政という意味で国が関与していくべきですね。福祉はみんな身近がいいかという問題があるのに、議論されないうちに権限が下までいってしまったという感じです。全体的にどう見直すかがポイントになると思うのです。

短期型の生活保護を考えたときに、ハローワーク・プラスみたいなやり方があり得るのかどうかということが一つですね。

逆にハローワークを県単位にするのか、生活保護をハローワークみたいにするのか、いくつかのやり方があるとは思います。

京極　職業安定所そのものは国といっても実質的には都道府県域ごとでやっていますので、文字通り権限移譲すればいいというところがあります。ただ、かつて職員が地方事務官から国家公務員になりましたので、ハローワークの職員は国家公務員で、他方福祉事務所の職員は市または県の地方公務員、町村部の職員はほとんど何にも介在していないという空洞化現象が起きているので、そこの開きをもう少し現実的に考えていく必要があると思います。

それから公営住宅などの所管も、実質的には都道府県がやっているので住宅扶助とがリンクしています。教育行政もかなり分権化して、国の義務教育費も三分の一になってしまった。ましてや公立高校の教育などになると、低所得者に対する高校の授業料免除と教育扶助はリンクしているから、都道府県の役割は大きい。

今までは教育扶助も国基準でやっていましたが、国は法定受託事務などの枠はつくるし、財政支援はするが基準そのものは都道府県がつくるといった「二重構造」がよいのですかね。そんなことを考えてもいいのではないかと思っています。

四　二十一世紀型生活保護の在り方と福祉事務所改革の方向

京極　これまでの時間で、だいぶ食い込んでお話しいただいたのですが、あるべき論を立てるには、これはなかなか難しい問題ですね。いろいろな仮説や意見があるとして、実際上、日本の土壌のなかでどういう体系ならいちばんフィットするでしょうか。

すでに福祉事務所に関しては、社会福祉法で従来どおり引き継がれたかたちになっていますが、市は必置で町村は任意。原則として町村は県がやるというかたちになっているわけですが、市町村合併で、実際上、もう町村を所管する郡部福祉事務所は縮小・減少しています。そして、もともと福祉全体の事務所であったはずのものが、実態としてはかなりの程度「生活保護事務所」になっています。

福祉事務所の在り方については、生活保護行政に絶対欠かせない議論なので、この点について最後にお話しいただけますか。

福祉事務所を取り巻く環境の変化

岩田　生活保護制度だけで考えた場合、特に所得保障部分だけで考えた場合は、どこかが一元的に保護の実施を決定する必要はありますね。それが福祉事務所でいいかどうかは、ちょっとまた別の問題になるかもしれません。

それから、貧困世帯が抱えている諸問題を解決していく、あるいは自立支援をやっていくということを福祉事務所が核になって、ほかの機関と連携していくという話ですが、先ほどのハローワークとの連携がありますね。

例えば、児童相談所が虐待児童に対応するとき、重度の虐待の六割は経済困窮が背景にあるというような調査がありますが、それを生活保護、福祉事務所とどういうふうに連携を取っていくかという課題がいくつか出てきますね。そうした連携を柱として、どのくらいの機能を福祉事務所が果たせるかということになるかと思います。

肯定的な意味で、福祉事務所が地域の福祉を全部やるということになると、庁内で連携ができるということになりますが、近年の福祉の方向は必ずしもそうではありませんね。支援センターなどというところが大きな機能を果たすようになっていますから、そのあたりがチグハグになっているのですね。

ホームレスを考えた場合、少し誤解を受けるかもしれませんが、福祉事務所の役割は少々やっかいなところがあります。例えば、東京都はシェルターをもっています。もちろんシェルターに入れるには福祉事務所が介入します。シェルターではかなりきちんとしたアセスメントをやりますが、この人にはちょっと就労自立は無理だということで「生活保護適当」と書きます。すると、決めるのは自分たちだからと福祉事務所からクレームが付いたというような話を聞いたことがあります。「適当」というのはシェルターの意見だから、それは一つの意見としてくれればいいのですが、そういう関与を嫌がるというようなことがあります。

最近東京でホームレスが劇的に減ったのは、福祉事務所を介さないで地域生活移行支援事業というのをやって、希望すれば特定の公園の居住者たちを、低家賃でアパートに移行させたからです。もちろん期限付きですけれども……。

福祉事務所の悪口ではありません。生活保護を担う実施機関とは、選別機関としての宿命を負わざるを得ないのは事実ですから、移行支援のようにほぼ全員を対象にするなどということはできない。しかし他方でこのような考え方だけでできないから、福祉事務所の外でいろいろなことがやられるようになってしまう。外に、民間も含めていろいろな支援組織があるわけです。それらと連携して何かをやっていく姿勢が、福祉事務所の中に濃厚にないと、地域の福祉の第一線機関としての役割は果たせない。なかなか難しい時代になったのだろうと思います。

福祉事務所の原点に立ち戻る

京極　例えば高齢者の場合、市町村の在宅介護支援センターや地域包括支援センターなどというところが力をもっていますから、福祉事務所を通さないで行政側はただ所管しているだけです。
法的には、人口十万人単位の福祉地区があって、福祉事務所があって、そこに置かれる主事がいるというふうに、法律の論理体系はなっていますが、実際には、私のヒアリング調査等でわかったことですが、歴史的な論理では生活保護のケースワーカーの溜まり場として福祉事務所がつくられ、その守備範囲として福祉地区が設定されたわけで、「はじめに人ありき」なんです。つまり、事務屋ではなく現場の相談屋

（ケースワーカー）が出発点なのです。そうすると、福祉で働く人たちとはどういう人たちかということになってきます。特に私は、当時の厚生省社会福祉専門官として、社会福祉士及び介護福祉士法をつくるために心血を注いできたので、今までのような社会福祉主事レベルではなく、社会福祉士レベルをもっと活用してもらえないだろうかと思うのですね。検討会でも出たことですが、福祉事務所に社会福祉主事はそれなりにいますが、社会福祉士はほとんどいない。社会福祉士の養成のしかたも悪いのかもしれないし、就労支援をきちんと教育上でやっていないから問題なのかもわかりませんが、査察指導員などの任用資格にするとか、今の主事を改めて社会福祉士をもって当てる副主事をつくるとか、もうちょっと生かせないものかと思うのです。ケースワーカー、ソーシャルワーカーの機能を担保として、ほかの生活困窮していない高齢者へのサービスに使っている世帯も含めて、地域を見守るような、地域をいろいろ巡回して生活問題について目を光らせて各種相談に乗っていけるような力をもった人をもっと置いてほしいと思うわけです。それにより保護率も改善されるはずです。福祉事務所は、そういうアフターフォローもするような組織にならないものかと思っています。そうでないと、ほんとに生活保護事務所、保護課でいい、福祉事務所でなくてもいい、ということになります。

生活保護受給者自体、生活困窮者という単純な低所得者ではないわけで、そこをきちんとみるなら、生活支援に関わる社会福祉の原点的なところが見えてくると思うのです。

岩田　生活相談……。

京極　すべての市町村において各種生活相談を現業部門としてきちんとやる事務所にして、それでいくなら再生する価値がある。生活保護事務所だけではなくてやっていけるのではないかという気もするんですけどね。

岩田　私は保護の決定そのものはもっと後方にあっていいと思っています。地域、福祉地区で区分しなくたってできると考えているわけです。しかし、福祉地区の意味は地域について責任をもつという国の責任を、いわば地域に下ろしたことですから、地域の中に貧困が放置されていることに対して、福祉の長が責任をもつということなので、むしろ生活相談の機能を前面に出すべきだと、私も思います。生活保護の相談に来た人だけを生活相談する必要はありません。

京極　そうなんですね。地域福祉計画があるので、そのための実地調査なども含めて、そういうものの所轄課にするとか、はっきりしないと福祉事務所の役割がだんだんなくなっていきますね。

岩田　他方、福祉事務所はだんだん「課に近いようなかたち」になりつつあって、現場にいないわけですよね。

京極　市役所の一セクションになっている……。

岩田　福祉事務所の機能として訪問とかアウトリーチのようなことをきちんと組んでいかないと、地域のいろいろな問題が全然見えてきません。

私は、都内のホームレス支援に関わってきたのですが、彼らをいちばん知っている行政担当者は公園課職員か巡回しているおまわりさんです。前に調査した時にホームレスの人に聞いたら、福祉事務所の人は年に一回か二回来るだけで、毎日来るのはおまわりさんという返事でした。福祉は頼りにされていないのです。

もうちょっと現場でコンタクトをつけたり、問題それ自体を現場で発見しないとダメです。いろいろなかたちで、事務処理をアウトソーシングしつつある現状だと思いますが、ＮＰＯなどをうまく使いながら進めるのか、福祉事務所は難しいところにあると思います。

京極　核は福祉事務所の専任職員（専門吏員としてのケースワーカー）であり、あとは他の福祉のいくつかの課の人たちにも福祉事務所の職員（ソーシャルワーカー）を兼務させて、同時に市の行政もやるというような人がいてもいいし、福祉事務所は単なる市行政の一セクションではなくて、多少横断的なセクションにしていかないと、生活保護だけになってしまいかねません。

自立支援プログラムが入ったとはいえ、このままでは、ただ保護費を支給して決定してそれでおしまいという事態になりかねません。

独自の調査機能の拡大を

岩田　先ほど県はやることがだんだんなくなってきたとおっしゃいましたが、都道府県の生活保護行政は、もう少し都道府県単位でも、貧困や福祉課題について、あるいは福祉事務所の在り方について、きちんと調査したり、分析したりしたほうがいいのではないでしょうか。

そういう調査能力がどんどん落ちてきています。生活保護はプライバシーの問題がありますから、私たちは簡単に調査できません。でも少し前からそうした調査などは無駄だということで、みんな止めてしまいました。そういうのが、いざ何かやろうというときにものすごくネックになっています。

京極　都道府県と市町村の役割分担を見直しつつ、これまでのようにあくまでフィールド・ソーシャルワーク機能を中心としつつ、将来は調査機能などを福祉事務所にも広げていいと思いますね。総合的な対応を考えてもいいのではないでしょうか。そのためにも優れたベテランの社会福祉士配置を考えてもよい。

岩田　国から降りてくる調査がありますが、そうではなくて、普通の監査とは違う目で調査をして、地域の問題点をはっきりさせて、保護行政における方針を自立的にもつべきだと思うのです。例えば、離婚率も失業率も地域としての分析をすべきだと思っているのです。類型化も国の類型化とは別の視点でやったらいいと、私は思っています。

京極　特に福祉事務所の見方と、生活保護の実施責任実施体制と財源については、岩田先生からもご意見が出されていましたが、実態としては、市町村主義で逆の方向に進んでいるわけですね。

自立支援プログラムが導入されたことで、国のハローワークとの連携とか少しそこに広がりが出てくるきっかけはできたのだろうと思いますが、今後どういうふうに展開していけばいいのか、また民間活力、地域社会資源等々が課題としてまだ解決できていないし、答えも出ていないので危惧しているところではあります。

生活保護は福祉の原点

京極　社会保障の在り方も、年金もそうですし、その他の、厳密には世帯単位というのはなかなかなくならないけれども、今日は、社会保障の流れは成人に関しては世帯単位から個人単位に、過渡的に変わっていく時代だと私はみているのです。

世帯へか、個人へかによって生活保護の補足性、補完性という機能が違ってくるのではないか。将来的には生活保護は扶養義務の問題はあるにしても、やはり個人的な単位制のほうに少しずつ軸足を移していくだろうと思っています。もちろん一気にはできませんが、そうするとリンクしてくるのではないかと思うのですね。

岩田　単身モデルを考える……。

京極　単身モデルですね。単身モデルを原則にしないと、もうかつての標準四人世帯 (夫と専業主婦の妻と子ども二人、現在は夫妻子ども一人の標準三人世帯) というのは死語になったので、これは相当無理があり標準三人世帯に改訂されました。

岩田　やはり生活保護基準は、貧困基準としての機能があるのですね。

京極　貧困ラインですね。

岩田　それを示すのはいまでも「標準三人世帯」でもいいという気はしますが、基準となる夫婦の年齢など若すぎるような気もします。世帯類型「その他」のところで数が増えているのは、ホームレスの人たちが生活保護にかかったということもあって、五十代が増えているのですよね。

京極　その他世帯の中心となる年齢層は、やはり五十代ですね。ただ、私はすべてを他人単位でやれというわけではありません。

岩田　五十代は高齢者ではないけれど、若くもなくて、一生懸命自立助長の努力をしたとしても、あと十年か十五年ですよね。かなりの肉体労働をしている人や、ホームレス経験のある人などは老化が早いので「オールド」ではなくて「オールダーホームレス」といった言い方をするのですが、ヨーロッパでは四十歳くらいからオールダーホームレスと呼んでいます。すごく努力をした割には、先ほどの「長期/短期」でいうと微妙なところもあるわけでして、そのあたりの分析をきちんとやっていく必要もあると思いますね。

京極　私はかねてより、生活保護は社会保障の原型であると同時に、社会福祉の原点でもあると考えていますが、総合的に議論していくと、老人福祉とか障害者福祉、児童福祉などに比べても意外に学際的かつ官際的で難しい政策課題であると思っています。生活保護制度にはいろいろな根が張っていて、いろいろ議論は出てくるけれども、実際に地味に議論していくと本当に複雑で難しいのです。また国民の福祉意識や福祉社会の在り方とも関係してくるような大きな問題ですね。

岩田　社会福祉の基礎にありますから、これをいじると、ほかにも大きな影響を与えますね。

（平成十八年四月二十四日収録）

出典：京極高宣（二〇〇六）『生活保護改革の視点』全国社会福祉協議会、序を一部修正。

《著者紹介》

京極　高宣（きょうごく・たかのぶ）

国立社会保障・人口問題研究所所長

1975年東京大学大学院経済学研究科博士課程修了，同年日本社会事業大学専任講師，87年同教授を経て，95～2005年日本社会事業大学学長，2005年より現職。日本社会事業大学名誉教授，内閣府中央障害者施策推進協議会会長。

主要業績に，『京極髙宣著作集（全10巻）』（中央法規出版，2002～2003年），『介護保険改革と障害者グランドデザイン』（中央法規出版，2005年），『障害者自立支援法の解説』（全国社会福祉協議会，2005年），『生活保護改革の視点』（全国社会福祉協議会，2006年），『社会保障は日本経済の足を引っぱっているか』（時事通信社，2006年），『社会保障と日本経済――「社会市場」の理論と実証――』（慶應義塾大学出版会，2007年），『(研究ノート）新しい社会保障の理論を求めて――社会市場論の提唱』（社会保険研究所，2008年）など。

MINERVA 社会福祉叢書㉔

生活保護改革と地方分権化

2008年５月30日　初版第１刷発行　〈検印省略〉

定価はカバーに
表示しています

著　者　京　極　高　宣
発行者　杉　田　啓　三
印刷者　後　藤　俊　治

発行所　株式会社　ミネルヴァ書房
607-8494　京都市山科区日ノ岡堤谷町１
電　話（075）581-5191（代表）
振替口座　01020－0－8076

冨山房インターナショナル・兼文堂

ISBN 978-4-623-05101-4

Printed in Japan

索　引

あ 行

か 行

さ 行

ま　行

や　行

ら　行

わ　行

欧　文

巻末資料

確　認　書

生活保護の適正化について，国は，関係者協議会において地方から提案があり，両者が一致した適正化方策について速やかに実施するとともに，地方は生活保護の適正化について真摯に取り組む。

その上で，適正化の効果が上がらない場合には，国と地方は必要な改革について早急に検討し，実施する。

平成17年12月１日

厚生労働大臣

全国知事会会長

全国市長会会長

内閣官房長官

三位一体の改革について

平成17年11月30日
政　府・与　党

三位一体の改革については,「地方にできることは地方に」という方針の下,平成18年度までに, 4 兆円程度の国庫補助負担金改革, 3 兆円規模を目指した税源移譲,地方交付税の見直しの確実な実現を図るため,検討を進めてきた。

政府・与党は,昨年11月の「政府・与党合意」及び累次の「基本方針」を踏まえ,かつ,地方の意見を真摯に受け止め,平成18年度までの三位一体の改革に係る国庫補助負担金の改革及び税源移譲について,下記のとおり合意する。

なお,地方交付税の見直しについては,今後の予算編成を通じて具体的な調査を行う。

地方分権に向けた改革に終わりはない。

政府・与党としては,18年度までの改革の成果を踏まえつつ,国と地方の行財政改革を進める観点から,今後とも,真に地方の自立と責任を確立するための取組を行っていく。

記

1．国庫補助負担金の改革について

（1）総額

国庫補助負担金の改革については，平成18年度において，上記「政府・与党合意」において同年度に行うことを決定済みの改革に加え，別紙１のとおり，税源移譲に結びつく改革（6,540億円程度）を行う。

昨年度までの決定分（3.8兆円程度）に加え，今回の税源移譲に結びつく改革，さらにスリム化の改革及び交付金化の改革を進めることにより，４兆円を上回る国庫補助負担金の改革を達成する。

（２）各分野

イ．文教

義務教育制度については，その根幹を維持し，義務教育費国庫負担制度を堅持する。その方針の下，費用負担について，小中学校を通じて国庫負担の割合は三分の一とし，8,500億円程度の減額及び税源移譲を確実に実施する。

また，今後，与党において，義務教育や高等学校等の在り方，国，都道府県，市町村の役割について引き続き検討する。

ロ．社会保障

児童扶養手当（3/4→1/3），児童手当（2/3→1/3），施設費及び施設介護給付費等について，国庫補助負担金の改革及び税源移譲を実施する。

生活保護の適正化について，国は，関係者協議会において地方から提案があり，両者が一致した適正化方策について速やかに実施するとともに，地方は生活保護の適正化について真摯に取り組む。

その上で，適正化の効果が上がらない場合には，国（政府・与党）と地方は必要な改革について早急に検討し，実施する。

ハ．施設費

建設国債対象経費である施設費については，地方案にも考慮し，以下の国庫補助負担金を税源移譲の対象とする。その際には，廃止・減額分の５割の割合で税源移譲を行うものとする。

また，上記の施設費について廃止・減額し，税源移譲を行う場合には，関連する運営費等の経常的経費についても併せて見直しを行う。

消防防災施設整備費補助金　等（総務省）
公立学校等施設整備費補助金（文部科学省）
地域介護・福祉空間整備等施設整備交付金　等（厚生労働省）
資源循環型地域振興施設整備費補助金　等（経済産業省）

ニ．その他

公営住宅家賃対策等補助の減額に当たっては，年度間や地域間の変動に対応した支援を国として的確に行うとともに，社会的弱者への住宅セーフティネットを実現するという国の責務を確実に果たすことができる仕組みを整備することとする。

なお，今後の予算編成過程において検討される制度改正については，適切に対処する。

2．税源移譲について

⑴　税源移譲は，上記1．及びこれまでの国庫補助負担金の改革の結果を踏まえ，別紙2のとおり，3兆円規模とする。

⑵　この税源移譲は，平成18年度税制改正において，所得税から個人住民税への恒久措置として行う。平成18年度予算においては，別紙2の税源移譲額の全額を所得譲与税によって措置する。

以上